3.11を
心に刻んで
2018

岩波書店編集部編

目次

I　3・11を心に刻んで

＊本書は、岩波書店ホームページでの連載「3・11を心に刻んで」をまとめⅠとし、Ⅱには、「河北新報」連載企画などを収録、一冊とした。

＊Ⅰの初出である連載は二〇一一年五月一一日号を初号として、書籍などから言葉を引き、その言葉に思いを重ねて毎月三名の筆者により執筆されている(http://www.iwanami.co.jp/311/)。初号から二〇一二年二月一一日号までの全一〇回分は『3・11を心に刻んで』として、二〇一二年三月一一日号から二〇一三年二月一一日号までの全一二回分は岩波ブックレット『3・11を心に刻んで 2013』として刊行された。以後毎年同様に、一年間の連載を岩波ブックレットに収録している。

＊本書には、同連載の二〇一七年三月一一日号から二〇一八年二月一一日号までの全一二回分をおさめた。各エッセイ末尾の日付は、初出時の掲載号を示している。

＊Ⅰ、Ⅱともに、文中の役職、肩書き、年齢は、執筆・取材当時のものである。

岩波書店編集部

I

3. 11 を心に刻んで

武田真一

公害が起きて差別が生まれるのではない。差別あるところに公害は起きる。

（原田正純さんの言葉）

＊　＊　＊

東日本大震災から六年、水俣病患者の救済に力を尽くした原田さんのこの言葉を、何度も被災地と重ねて思い返してきました。最近相次いで発覚した広域避難の子どもに対する「菌いじめ」などは、まさに「原発事故が起きて差別」の方向性ではあるのですが、もともと圧倒的な首都圏／地方の格差構造の中で原発の集中立地が進められ、安全策が軽視されてきた経緯を捉え直せば、「差別あるところに原発事故」の構図が浮かんでくるでしょう。

原発事故だけではありません。原田さんの言葉は「もともと格差や支配の構造があったりしたところに悲惨な出来事、社会のひずみは現れる」という警句です。であれば「公害」を「自然災害の犠牲と被害」と置き換えても成り立つのです。

そもそも災害はほとんどのケースでふだん目配りが利いていない、弱いところで被害が深刻になり、復旧、復興も長引きます。震災でも壊滅的な犠牲が出たのは、もともと発展の軸から離れた沿岸部、過疎や高齢化が深刻で構造的課題を抱えていたところです。

国の中の格差が放置され、差別の構造に置かれた地方の中の地方、周縁部に大きな犠牲と被害が集中した事実を、わたしたちは見逃すわけにはいきません。

高齢者のケアにしても、コミュニティーの再構築にしても、震災後に行われているさまざまな地域再生の支援活動は、震災以前に課題になっていながら放置されていたこと、手を付けられないでいたことに向き合う作業になっています。格差や差別の構造に置かれていた地域や住民たちに目を向けること。それが復旧であり復興ということなのでしょう。

六年の歳月の中で、そうしたことまで忘れ去られようとしているなら、悲しく危ういことです。周縁や末端からの視点、地域や地方を出発点として物事を見つめ直す意識転換が震災後の大きな課題です。それは、われわれ地方紙が震災前からずっと追いかけてきた大命題であり、この日本全体が今こそ共有すべき基本の姿勢ではないでしょうか。

（二〇一七年三月一一日）

沼野恭子

いま人間は自然の中で「皇帝《ツァーリ》」の位置を占めているが、このままではやっていかれないだろう。人間にできることは自然の一部になること。暴力的な言葉を用い自然を操って対峙しようとしてはいけない。それは人類を自殺へ追いやる道だと思う。

（二〇一六年に来日した時のスヴェトラーナ・アレクシエーヴィチの言葉）

＊　＊　＊

二〇一六年一一月、東京外国語大学にノーベル文学賞作家スヴェトラーナ・アレクシエーヴィチを招き、名誉博士号をお贈りした後、学生たちと対話をしていただいた。彼女はこれに先立つ二日間を福島で過ごし、東日本大震災で被災した人たちに話を聞いている。学生が福島滞在の印象を尋ねたとき、彼女は、自著『チェルノブイリの祈り』で書いたこととまったく同じ荒廃した光景を福島で目にしたと答え、上記のように結んだのだった。

アレクシエーヴィチには、第二次世界大戦、アフガン戦争、チェルノブイリ事故、ソ連崩壊などのテーマごとにまとめられた「証言集」五部作がある。いずれも、極限状態に置かれた人間の苦しみや悲しみを証言者の語るままに綴ったもので、禁欲的なまでに自らの言葉（＝解釈）を抑制している。だからこそ読者はそれらの重い証言をどう捉えたらいいのか彼女自身の考え方を知りたいと思うのだろう。彼女は世界中でインタビューを受けている。

そして確固たる信念のもと、繰り返し訴えている。人間性を失ってはいけない、自由を尊ばなければならない、大事なのはエコロジーだ、と。声高にではなく、柔らかな、しかし凛とした声で。

二〇世紀初頭ロシアは、非人間的なほどの格差社会を見限り、平等を理想に掲げて革命を起こしたはずだったが、ユートピアの実験は失敗に終わり、ソ連は崩壊した。あのとき、人はなぜ再び拝金主義と功利主義の支配する格差の道を選んでしまったのか。別の道はなかったのか。アレクシエーヴィチはそう問い続けている。そして今こそ「新しい哲学」が必要なのではないかという。共産主義イデオロギーに後戻りするのでもなく、効率や金儲けばかりを優先するのでもない新しい哲学。それは、自然を敬いエコロジーに比重を置く新しい価値観ということだろう。

ロシアだけの問題ではない。私たちの社会も同じだ。必要以上にお金を持つことへの含羞を持ち、弱者を大切にする倫理感を育まなければならない。そうでなければ、人間として生きる意味などどこにあろうか。

（二〇一七年三月一一日）

＊二〇一一年三月一一日の後、スヴェトラーナ・アレクシエーヴィチはじめ、世界中から日本人への温かい励ましの

メッセージが届きました。沼野恭子研究室に届いたそれらは六年経った今読んでも新しい、心に響く言葉にあふれています。下記ＵＲＬでお読みいただけます。http://www.tufs.ac.jp/blog/ts/p/nukyoko/2011/04/

＊本文でも紹介しましたが、二〇一六年一一月にスヴェトラーナ・アレクシエーヴィチが東京外国語大学で学生たちと質疑応答した内容は、同大学の"Pieria"（二〇一七年春号「見えないものにふれる」）でお読みいただけます（東京外国語大学出版会ウェブサイトの下記ＵＲＬから"Pieria" No. 2017をごらんください）。http://www.tufs.ac.jp/blog/tufspub/

長谷川公一

私たちは、津波をくぐり抜けた多数の生命、劇的に再生した砂浜、そして貴重な湿地が、復旧の名のもとに次々と消える場面に立ち会ってきました。それは、震災後に始まった大きな喪失でした。

（仙台湾の水鳥を守る会シンポジウム２０１３『仙台湾沿岸での災害復旧工事を考える！』アピール文）

＊　＊　＊

東日本大震災は大きな喪失をもたらしたが、復旧・復興の名のもとに、震災後に始まった大きな喪失もある。震災から六年を経て、今始まろうとしている喪失もある。

「自然破壊」という点では、津波以上に、復旧工事の影響がはるかに大きい。

東松島市・石巻市・女川町・南三陸町・気仙沼市などでは、高台移転地の確保のために、環境アセスメントも実施されることなく、森が次々と剝ぎ取られ、土が剝き出しにされ、痛々しい光景が広がっている。

三陸海岸の「自然」を壊したのは、津波ではない。「復旧」「国土強靱化」の名のもとに人間が壊したのだ、ということを後世に正確に語り伝えねばならない。

三陸海岸の南の仙台湾でも、巨大防潮堤の建設と保安林植栽のための盛り土工事によって、自然破壊が進行している。仙台平野から、海岸林の自然植生が完全に消滅させられようとしている。仙台市域の海岸環境では、自然環境の面積は、一九四〇年と比較して、震災前は八三％だったが、震災一年後の二〇一二年でも四七％だった。復旧事業完了後には、それが一割以下になると推計されている。

仙台港の南に蒲生干潟がある。潟湖とその周囲を含めて、保全対象区域は約五八ヘクタールだが、国内で観察される鳥類六三三種類のうち、三分の一以上がここで観察できる「水鳥の楽園」だ。津波で流出したが、奇跡的に回復した。蒲生干潟で観察される鳥の種類は、震災直後には、震災前の五五％に減少したが、二〇一三年四月にはほぼ回復した。

しかしこの蒲生干潟も新たな脅威に直面している。周辺が準工業地域から工業地域に用途変更され、八〇〇メートル北では、関西電力と伊藤忠エネクスの子会社による石炭火力発電所の建設工事が進んでいる（拙稿「津波被災地に続々、石炭火力発電所」『環境と公害』第四六巻第二号 https://www.iwanami.co.jp/book/b275020.html）。環境アセスの対象に満たない「小規模」施設のため、本来アセスが実施されていれば評価されるはずの干潟の生態系への影響は何も考慮されていない。地元への説明会は再三の要求の末、試運転開始目前の二〇一七年三月八日にようやく開催されることになった。公害防止協定は締結されたものの、ＰＭ２・５も水銀も、二酸化炭素も規制の対象から外されている。二〇〇七年以降、宮城県内では石炭火力発電所は姿を消していた。電力小売り自由化の鬼子のような、被災地での石炭火力の復活だ。

被災地がいま直面しているのは、こうした人為によって加速される大きな喪失という脅威である。

（二〇一七年三月一一日）

阿古智子

人間は本来動物とは異なり、万物の霊長と言われ、優れた頭脳と両手をもっている。ミツバチやアリのように女王蜂や女王蟻の命令一下、もっぱらその生産工具として待機しているのではないのだ。

（台湾の白色テロの被害者・陳中統さんの言葉、陳中統さん自伝『生命への関心』二〇一〇年より）

＊　＊　＊

東日本大震災から六回目の三月一一日を迎えようとしていた頃、私は、台湾の歴史を学ぶ研修に参加する学生たちを引率し、台湾南部の嘉義市に滞在していた。同市中心部の広場に立って、活気に溢れつつも穏やかな街頭の風景に見惚れていると、案内してくれた大学院生が、「この広場でも知識人が銃殺されたのですよ」と何気なく話した。ハッとした。そうか。これほど平和に見える街も、その奥底には、これまでに流された多くの人の血と涙が蓄積しているのだ。

台湾では一九四〇年代後半から八〇年代にかけて、国民党政権下で恐怖政治が行われ、多くの人々が投獄、処刑された。特に、本省人[*1]の知識分子や左翼分子が徹底的に弾圧されたが、陳中統さん（八〇歳）もそのうちの一人だ。一九六九年から一〇年に及ぶ監獄生活を強いられた陳さんは私たちに、景美人権文化園区（台北市）で自身の経験を話してくれた。二〇〇二年につくられたこの人権記念エリアは、当時の警備総司令部軍法処、政治犯を収容する看守所、国防部軍法局などの建物を見学者に公開している。陳さんも、その看守所に収監されていた。

景美人権文化園区の見学を終え、台湾の友人に会った。彼女は私に、「あんなところより、もっといいところがあるのに」と言った。ああ、やはり、記憶の共有は難しいのか……。

台湾で二・二八事件や白色テロ[*2]について、実質的な検証が行われるようになったのはここ一〇年ぐらいだろう。一九八七年に戒厳令が解除されても、恐怖政治の影響で固く閉ざされていた人々の心は、容易には開かれなかった。若者たちが「台湾人アイデンティティ」を高める一方で、本省人と外省人など、異なる立場にいる人々の間の溝は、依然根強く残っている。

陳さんは「囚われの身」であった一〇年の間に、「人間の本性が善良で美しいことを知った」。そして、自伝を書いたのは恨みからではなく、「平凡な人間の歴史の記録として、私の子孫に残したいと思った」からだと言う。

自由を奪われる恐ろしさを知る陳さんは、毅然と「人間は生産工具ではない」と述べる。その一方で、人間の善良さを信じ、淡々と人間の歴史の記憶を紡ぐ活動を続けている。

３・11に対する記憶も、台湾の歴史と同様、多様であるにちがいない。ただ、私たちは、人をも自らをも欺かない、人間としての善良さを保たなければ、３・11を心に刻むことはできないのだ、と思った。

（二〇一七年四月一一日）

＊1　本省人と外省人——元々台湾に居住していた先住諸民族と漢族、及びその子孫で、一九四五年のポツダム宣言受諾による日本の投降で「中華民国の国籍を回復した」とされる人たちを「本省人」、台湾における日本の統治終了後に中国大陸から台湾に渡ってきた人たちとその子孫を「外省人」と呼ぶ。

＊2　二・二八事件と白色テロ——闇市でタバコを販売していた本省人女性が取り締まりの役人に暴行された事件をきっかけに、一九四七年二月二八日、本省人による抗議デモが行われ（二・二八事件）、その後、国民党政府と本省人の抗争が台湾全土に広がった。台湾では戒厳令が一九八七年まで敷かれ、国民党政権による市民や知識人への不当な逮捕や言論弾圧（白色テロ）が長く続いた。

荒このみ

女たちは南部の〈大義〉に猛烈な誇りを抱き、自分のすべてを喜んで犠牲にしようとしているのだ。〔中略〕みんなが狂ったように目を輝かせて〈大義〉について語るのに退屈さえ感じていた。〈大義〉が聖なるものとは思えなかった。戦争が聖なる行為だなんてとうてい思えなかった。

（マーガレット・ミッチェル『風と共に去りぬ』第九章、荒このみ訳、岩波文庫）

＊　＊　＊

これは、南部の大農園主の娘だったスカーレット・オハラの言葉である。マーガレット・ミッチェルは『風と共に去りぬ』で南北戦争とその後の再建時代を背景に南部社会を描き出した。南部人は、この戦争は数ヵ月で南部連合の勝利に終わると信じていたが、じっさいは、四年間続くことになり、その結果、南部連合は敗北した。

南部では北部の経済封鎖に苦しみ、物資が窮乏するなか、医療品を得るために資金調達のバザーが開かれる。その会場は南部連合への愛国心をあらわす旗や肖像画で埋まり、南部の〈大義〉というスローガンが行きかう。銃後を守る女たちは、〈大義〉の一つである「州の権利」が何を主張しているのか、その意味さえあいまいなまま声高らかに「〈大義〉のために」と口に出し、愛国歌をうたい熱狂する。

その情景に主人公は違和感を覚え、みんなが「ヒステリカル」になっているとしか思えない。「ああ、なんて愚かな!」と心の中で叫んでいるが、その率直な反戦の気持ちは外にあらわしてはならない。周囲の人びとと一緒に愛国歌を唱和せねばならない。いっぽう南部女性の理想像として描かれているメラニーはそのような矛盾をいっさい感じていない。ミッチェルは相反する二人の南部レディを登場させて、じつにみごとに反戦思想を表現した。

国家が一丸となって戦争状態にあるとき、個人の正常な思考や感情は抑圧される。銃後の女たちの振る舞いは、南北戦争の南部であろうが、第二次世界大戦の日本であろうが、まったく変わらない。「隣組」の精神はアメリカでも強制され、それは二一世紀の同時多発テロ直後のアメリカ社会に見られた現象だった。あらゆる機会に愛国歌が斉唱され、家々の窓に星条旗が飾られ、そして政府批判は徹底的に沈黙を強いられたのだった。

表現の自由の抑圧は、感じることの自由の抹殺でもある。「戦時下」というスローガンは、戦争状態にないときでも有効で、今日の日本では政府の主張にノーとは言えない、という論調が大手を振っている。自己の思考を尊重するノンコンフォーミティ(非順応主義)の姿勢が、今、問われている。

(二〇一七年四月一一日)

小森はるか

何もかも津波で壊滅してしまって、そこに茫然と人が残るんだ。そのとき人は何をしなくちゃいけないのか。まずは心に希望の種を。ふるさとの街に復興の種を。そして被災地に幸せの種を蒔く。これはたね屋の念仏だ。呪文のようなものだ。

（陸前高田市在住、佐藤貞一さんの言葉。映画『息の跡』より）

＊　＊　＊

震災後、佐藤さんは何度この呪文を唱えたのだろう。何カ国の人の心にこの呪文が届いたのだろう。わたしがはじめて佐藤たね屋を訪ねた時、「たね屋らしくていいでしょ？」とこの言葉を教えてくれた。

二〇一七年、陸前高田で種苗店を営む佐藤さんを撮影した記録が、映画『息の跡』という形で劇場公開を迎えた。わたしは友人の瀬尾夏美さんと一緒に、二〇一二年から陸前高田で暮らすことをはじめ、すれ違う人たちも、そこで聞く話も、バイトの通勤時間に見える風景も、東京での暮らしとはまるっきり違うものになった。その中で、津波によって失われたたくさんのかけがえのないものと、その後に残された風景との間に立ち、手を動かしている人たちの姿にたくさん出会った。佐藤さんもその一人だった。このまちの日常に流れていた時間は、あの日の後も、離ればなれになった一人一人の日常の中に続いていると感じるようになった。

しかし時間が経つにつれ、すぐ隣にそんな人たちがいる日々を、振り返ることも忘れてしまっていた。それがわたし自身にとって当たり前になってしまわないよう、一人一人の暮らしを撮りたいと思った。そして、佐藤さんの店へとカメラを持って通い始めた。

佐藤さんの手によって植物も、手記も、手作りの道具も、行く度にぐんぐん成長して、小さな店から溢れ出すようだった。この店がいつか移転することは、佐藤さん自身もわたしも知っていた。それが三年後なのか、五年後なのかはわからないけど、限られた時間であることはわかっていた。それでも佐藤さんが何かを育てるのに手を抜くことはなかった。だから、わたしも無くなるから記録をしているのだとは思わなかった。佐藤さんの日常のそばで、生まれていくものたちの小さな光に出会えることが嬉しくて、それについて語る佐藤さんの言葉を聞きたくて続いてきた記録だと思う。

映画の公開が決まり、再編集の準備をしている最中、店の移転の日が決まった。その頃、わたしは仙台で暮らしていて、陸前高田へは月に一度通う程度になっていた。偶然にも、この映画は佐藤さんが店を解体する場面までを記録した作品となった。あの場所に行ってももうお店が無いということも、あの場所に佐藤さんの日常があったということも、どちらも幻みたいで信じられなくなるときがある。だけど、思い返してみれば、陸前高田に暮らしながら撮っていた記録の終わりは、佐藤さんのあの呪文を唱える場面だった。佐藤さんは新しく高台にできたお店で、今も呪文を唱え続けているのだろうし、「心に希望の種を」という言葉は、きっと佐藤さんと出会った人の心の中に残っていく。それには終わりがないと信じることができる。店が無くなることによってこの記録の意味が変わってしまったのかもしれないが、それでも変わらずに残っていくものを、佐藤さんが伝えてくれていたのだと、その一端が映像にも写されているのだと、今改めて感じている。

（二〇一七年四月一一日）

新井　卓

──なにかが起きた。でも私たちはそのことを考える方法も、よく似たできごとも、体験も持たない。〔中略〕なにかを理解するためには、人は自分自身の枠から出なくてはなりません。感覚の新しい歴史がはじまったのです。

（スベトラーナ・アレクシエービッチ『チェルノブイリの祈り──未来の物語』松本妙子訳、岩波現代文庫）

＊　＊　＊

一〇歳かそれくらいのころ、小学校でイギリスのアニメーション『風が吹くとき』（レイモンド・ブリッグズ原作）の上映会があった。核戦争の勃発を境にカラー映像がモノクロへと入れ替わり、善良を絵に描いたような夫婦・ジムとヒルダが、目に見えない被曝を受けてシェルターでゆっくりと死んでゆくその一部始終を、どういうわけか、いまでもシーンごと仔細に覚えている。

七〇年代末川崎に生まれ育ち、真夏にはくり返し発令される光化学スモッグ注意報のため屋内で過ごし、ある日はピンク色、また別の日には鮮緑色へと色を変える工業排水路でザリガニを釣って遊んだわたしたちにとって、汚れ滅びゆく世界のヴィジョンは、あたりまえの感情として生活の基部に流れていた。

　六年前、東日本大震災の混乱を伝えるテレビに、唐突に映し出された映像――原発の建屋が音もなく弾け飛び、空高く白煙が上がるのを目にしたとき、呼吸が止まるような激しい焦燥の中に「やはり」と合点する心があったのは、そのように過ごした子ども時代のわたしが、まだどこかに息づいているからかもしれない。

　その夏、得体のしれない衝動に駆られ何度も飯舘村に足を運んだ。そこで見たものは、本来ならば稲葉が青々とそよいでいるはずの、干割れて雑草に覆われた水田、そして、思いのほか手入れの行き届いた家々の庭（いつか帰る日に備えて、家主たちは折を見て手入れをしていた）だったのだが、その中でもひときわ記憶に焼き付いて離れないのは、動物たちの姿である。食べものを求めて延々と車を追ってくる痩せ猫や、線量計が狂ったように鳴りつづけるダム湖で、斜陽に全身を黄金色に輝かせながら、堂々と斜面を下ってくるニホンザルの一群。車で山あいの隘路を進むと、向こうから野犬の群れが徒党を組んで走ってくる。遠くへ避難した飼い主を探し求め、ただひたすらに疾駆しているのだろうか。口の端から泡を飛ばしながら、血走った眼で、立ち止まりもせず一陣の風のように通り過ぎてしまった。犬たちは、ただ「どうした、どうした、」そう吠えつづけながらいきり立つように見え、またそれは、じりじりと焦燥感に焼かれながら山野を巡る、わたしたち自身の声のようにも聞こえるのだった。

　福島第一原発事故から今年で六年、チェルノブイリから三一年、広島／長崎から七二年になる。すでに四世代にわたってわたしたちが編みつづけてきた最期の神話――原子力時代《アトミック・エイジ》の神話は、未だそれを語り得る言葉を持たない。
　わたしたちが待望するその言葉は、しかし、政治や経済、報道の華々しい言葉のうちにあらわれることは決してないだろう。なぜなら〈未来の物語〉のための新しい言葉は、アレクシエービッチや、同じ地平で石牟礼道子が試みたように、声低く細部から生まれ、それと知れずわたしたちの魂の中に拡散していく力を持たなければならないからだ。

（二〇一七年五月一一日）

粟津ケン

「でも、思いましたよ。むかし広島の被爆した人たちを『放射能がうつる』なんて差別することもあったらしいけれど〝まさか〟わたしたちが同じ立場になっちゃうなんてねー」

（たまたま喫煙所で隣り合った女性（二〇一二年一二月）、壷井明『福島行き「無主物」制作ノートvol.1　二〇一一年八月〜二〇一六年三月』より）

＊　＊　＊

今、この時間に、被曝しながら低賃金で過酷な労働を強いられている多くの原発作業員がいる、未だに応急仮設住宅と呼ばれるプレハブで帰る場を失った老人たちも大勢いる、汚染された土壌に怯《おび》えながらそれでもそこで生活するしかない母親や子供たちもいる。そしてたった今、ベニヤ板に描かれた幾枚もの絵画の群れがKENという空間にあり、それを僕は見つめている。絵の奥から、無名な人々のシャウトが鮮烈な沈黙で響いてくる。

壷井明という現代美術家の作品。彼はフクシマに幾度も足を運び、現地に生きる人々の無数の言葉を記録し、それを身体で受け止め、視覚化してきた。彼は棄てられた闇に生きる人々に光を

壷井明「無主物」のゲリラ展示(代々木公園, 2017年4月10日)

あてている。変化し続けるその現地の状況を文字通りイラストレーションしているのだ。その際、極めて土臭く、感情的に(http://dennou.velvet.jp/)。

壷井明のこの仕事は今、加速する一方である。終わりなど全く見えない。僕が主宰するこの三軒茶屋の小さな芸術スペースKENでは、彼の個展を六回も行ってきた。二人で渋谷や新宿の街に出て、そこでトークを展開するゲリラ展示も継続してやっている。アートの可能性を探るためだ。前回の個展にはピアニストの崔善愛《チェソンエ》さん、双葉町出身の大沼勇治さん、元第五福竜丸乗組員の大石又七さん、詩人の森川雅美さんがゲストとして来た。反発しまくる表現の連続。カッコイイ。彼らも、壷井明も、KENも、今や本格的なマイノリティーであると誇りを持って自覚した。東電もクニもだが、何よりも無言の国民が大マジョリティーであり、制度化した日本の美術界も当然この流れに乗っていて、壷井明は必然的に無視されることになる。色んな意味で既存の文脈に収まらない彼の存在は危ういのだ。

マイノリティーとは、けれども社会の弱者ではない。僕にとっては真逆だ。世界的には一番可能性がある。今、僕は去年亡くなった天才・モハメッド・アリを想うのだ。特にこれからの時代、ここ日本でも、とりわけ表現の分野では、それが美術であれ、音楽であれ、文学であれ、スポーツであれ、真の少数派こそ、表現者として最も極めつけのポテンシャルを秘めているのだと思う。それは、命を張ってでも表現しなければならない理由があるということ。そして、三・一一からは他ならぬフクシマの人々も同様にその理由を持っているのだ。

どんな時代でもそうだ。逆境の最中に我々の反発力＝表現力は試される。今がそのタイミングだ。壷井明の活動が、そう訴えかけてくる。

（二〇一七年五月一一日）

八木啓代

希望よ、おいで

（シルビオ・ロドリゲス）

＊　＊　＊

右の言葉は、一九九〇年のキューバで発せられた。ソ連東欧圏が崩壊して冷戦構造が失われ、キューバが孤立する中で、米軍の侵攻がありうると（そしてそうなれば、多くの人が死ぬことになるだろうと）皆が思っていた頃。キューバを代表する詩人で作曲家のシルビオ・ロドリゲスが、"Venga la esperanza"（希望よ、おいで）という歌でそう歌った。

「子供の頃、西暦二〇〇〇年になったときの、自分の年を指折り数えたものだった／その頃には、素晴らしい未来が待っていると信じて／その二一世紀を目の前にして気づいたのは／人類はまだ幼すぎて、夢の時代はまだ遥かに遠い」

それでも、「希望よ、おいで」と。

二〇一一年三月一一日のあの日、震災から一夜明けて、やっと動き出したものの、果たしていつ目的地につくのかわからない、超満員の地下鉄の車両の中で、私はこの歌を無意識に口ずさんでいた。

ほんの少し前まではＳＦの世界の物語だったことが次々に実現されるほどに文明が進歩しても、猛る天災を防ぐすべはなく、地道に積み上げられ、築き上げられてきたものが一瞬で崩れ去るという儚さに。そして、さらに悪いことに、人が制御できるつもりで傲慢にも焚いた原子力という火に、その驕りを嘲笑うかのように与えられた一撃が、さらに多くの自然を、国土を、生活を奪っていくのかもしれないという不安と悲しみに。

それでも「希望よ、おいで」と。

かつてパンドラの箱の一番底にあったというそれが、結局は、不安と悲しみの中から人を救うことのできる最後の拠り所なのだろう。

かつて災厄と死の予兆の中でキューバの友人たちが抱いたのとも似た不安と悲しみの中で、それでも、「人類が成長し、いままでの、そして、いまこれから、私たちが直面するかもしれない幾多の悲惨さえもが、いつか、「もう繰り返されることのない過去の歴史」として記録の中だけに存在しうる時代」がいつかは訪れてくれるであろうと、そう信じたい。そして、そう信じるからこそ、自分にあてがわれた時代の中で、砂粒を積み上げながら生きるという闘いを続けていくことができるのだろうと。

（二〇一七年五月一一日）

玄田有史

病状がどの段階にあるかにかかわりなく、あるいは対処メカニズムを用いたかどうかにかかわりなく、患者たちはみな最期まで何らかの希望をもち続けた。

（E・キューブラー・ロス『死ぬ瞬間――死とその過程について』鈴木晶訳、中公文庫）

＊　＊　＊

希望と社会の関係を考える「希望学」という研究を、大学の仲間と始めてから一三年になる。二〇一〇年には希望学で学んだことをまとめて『希望のつくり方』（岩波新書）という本を書いたこともある。希望は誰かに与えられるものではない。自分（たち）でつくっていこうとすることが大切。それを、希望学を通じて出会った人々から私たちは教わった。

そのなかで看護学の方から「希望といえば」ということで教えていただいたのが、キューブラー・ロスの『死ぬ瞬間』だった。末期患者の臨床において、人生の最終段階について学ぶための教師になってほしいと、筆者は一人ひとりに依頼する。

患者の言葉の数々から、死に至る過程には、ある共通した段階のあることが浮きぼりになる。

致命的な疾患を知らされた直後の衝撃。まさかそんなはずはないという否認。なぜ自分がこんな目に遭わなければいけないのかという怒り。医師、家族、そして神との間で交わされようとする、さまざまな取り引き。取り引きが不調に終わった後の抑鬱。最終段階の準備に向けた受容。そして虚脱——。

一連の段階のうち、怒りの瞬間から、虚脱の途中に至るまで、一貫して患者に去来するのが、何らかの希望なのだという。だからこそ周囲の人々には、患者がつねに希望を持ち続けようとすることを忘れず、寄り添うことが大切なのだ。

希望学では、二〇〇六年から岩手県釜石市の人々と交流を続けてきた。試練や挫折を希望に変えていくとは「動いて、もがいているうちに何かにつきあたる」ことだと釜石で学んだ(『希望のつくり方』六八ページ)。

震災直後、釜石の友人たちに希望という言葉を投げかけることは、はばかられた。しかし、しばらくすると、自分たちの方から希望や夢を語り、前を向こうとする被災地の人々に、再び出会うことになる。

「夢をもったまま、死んでいくのが夢。みんなも夢をもって」。釜石に生まれ育ち、釜石を愛し続けてきた、昭和五年生まれ、八幡登志男さんの言葉である。

(二〇一七年六月一一日)

中村 純

常世の仄明かりとは　あかつきの蓮沼にゆるる蕾《つぼみ》のごとくして　世々の悲願をあらわせり
かの一輪を拝受して　寄る辺なき今日《こんにち》の魂に奉らんとす

〈石牟礼道子「花を奉る」〉

＊　＊　＊

二〇一二年春、東京の勤めを辞めて小さなひとと京都に移り棲んだ。職を手放し、慣れ親しんだ家を離れざるを得ない、生活の目処の立たぬ自力転居であっても、東京出身者は無垢に〈ふるさと〉などという言葉で東京を語れるはずもなく、私は3・11から涙を封印した。

「東京の電気のせいで福島が被曝させられた」。福島出身者から喉元に突き付けられた〈東京〉に既視感を覚えた。〈東京〉に象徴される都市文明が、自然とともに生きるいのちの尊厳を傷つけ、奪った。

石牟礼道子さんは、水俣にとって近代化の象徴であった〈会社＝チッソ〉が海に流した有機水銀で発生した水俣病を背負う人びとと共に生きた。

石牟礼道子さんは〈水俣〉の万物の低い声で近代化と文明の質への問いかけを細い狼煙《のろし》のようにたなびかせた。石牟礼さんは水俣病結縁《けちえん》のものたちを〈死民〉と名付ける。

近代文明に殺された民は、都市〈市民〉の対語ではない。

「水俣病の中でいえば〈市民〉はわたくしの占有領域の中には存在しない。いるのは〈村のにんげん〉たちだけである」(『流民の都』石牟礼道子、一九七三年)。

〈村のにんげん〉たちが、〈福島〉〈水俣〉と静かに口にするとき、祖《おや》さまの代から守り、いただいてきた森や海や風の声、波の音をその人が抱いていることを感受する。にんげんであるわたくしだけが主体ではない、いのちの総体としての自然や土地。対して、〈東京〉と喉元に突き付けられるとき、私有する物質文明への懐疑、侮蔑、不信が含まれている。

「大地がコンクリートに生き埋めにされている」と石牟礼さんが呟いた〈東京〉で、安倍首相は「愛国」を語る。二〇一四年一二月一四日、衆議院選挙に勝利した日、「憲法改正は(我が)悲願である」と述べた。

悲願は、本来仏が衆生を救おうとする誓願。他者の苦しみを悲しみ祈る万物の心。悲願は、わたくしを越えた祈りのようなもので、国や民を私有するものでは、ない。

日本国憲法は、戦争でいのちを奪い奪われた人たちを訪れた非戦と尊厳への美しい理想、意志、詩、宣言である。傷ついたいのちが再び歩み続けることを可能にした七〇年の悲願。生くる者すべての尊厳を辱め対話を遮断する政治を超える悲願が、3・11以降の人びとの闇に花と変化《へんげ》していることを感受する。死民と未来の人と連帯し、悲願が花と言葉として生み出され、細い狼煙となる時が満ちるのを待ち続けている。次の殺戮を迎えぬために。

コンクリートの下の死者を聴き
草の露を思え
幻の花に悲願を
花の狼煙あげよ

（二〇一七年六月一一日）

松田洋介

震災の日は中学校に泊まって。〔中略〕それからばあちゃんちにいった。電気もないし、みんなと会えないし。テレビ見れないし、寒いし。しかも、ばあちゃんとじいちゃん亡くなるし。たまに、小学校に集まって、みたいな日があって。なんか、めっちゃうれしかった。こんなに学校っていうところは幸せなんだなって思いました。

（二〇一六年三月一八日、Sさんの言葉）

＊　＊　＊

二〇一一年に陸前高田市の中学一年生だったSさんは、震災当時を思い出して、このように語った。Sさんに限らず、震災直後、学校で「災害ユートピア」に似た経験をした子どもは少なくない。被災地の教師たちが、「子どものために」という思いで、学校再開に奔走したことはよく知られている。被災生活から少し距離をとれる学校は、子どもたちにとって、気兼ねなく友達と過ごし、語り合うことができるかけがえのない場だった。

震災から六年余りが経過した。私はこの間、月に一度のペースで同市のある中学校を訪問している。震災後、近隣小学校に間借りして再開されたその中学校は、隣接する中学校との統廃合を経て、今年からは新校舎に移っている。いまや学校で震災が語られることはあまりない。当時頻繁にあったマスコミ関係者の出入りや復興支援の慰問はほとんどなくなった。それは望ましいことでもある。震災に翻弄される子どもたちに、ごく普通の中学校生活を送らせることが教師たちの願いだった。工事車両が行き来する市域において、学校だけがいち早く「復興」を遂げ、他地域と変わらない日常を取り戻しているように見える。

しかし、学校の中にいると、別様の姿も見えてくる。震災前の学校に戻るだけでいいのか、と問い続ける教師がいる。震災後に異動してきた教師は、震災経験を共有していない自分が、震災に切り込む実践にとりくむ資格があるのかと逡巡する。作文に震災前の風景を次第に忘れてしまうことへの戸惑いを書いた子どもは一人ではない。震災で家族を亡くした子どもや教師は、その経験を簡単には口にださない。そして、教師や子どもの多くはそのことを知っている。震災は通奏低音のように学校生活を規定し続けている。

ただ、その通奏低音は、悲しみや戸惑いだけでなく、優しさや柔らかさを帯びているように思われる。あの日・あの時、学校という空間で、大人たちに大切にされたことで、そして仲間と共に過ごしたことで、教師を信頼し、他者に丁寧に関わるようになった子どもも増えている。そんなことを、教師たちは口にする。震災のその後を生きる日々の中で、子どもや教師たちはどのような文化を紡ぐのか。私はそれを記録したいと思っている。

（二〇一七年六月一一日）

栗木京子

ガスの香の漂う路地を進みおり男女二列の隊崩れつつ

（田中拓也『雲鳥』ながらみ書房）

臭いがきつい　消防法上一つしか香炉が置けない遺体安置所

（佐藤涼子『Midnight Sun』書肆侃侃房）

＊　＊　＊

東日本大震災の直後から、地震や津波や原発事故を詠んだ多くの短歌がさまざまな場に発表された。短歌の月刊誌、結社誌（短歌グループが発行する機関誌）、新聞歌壇、短歌コンクール等々。被災地やその近辺に住む人たちをはじめとして遠く離れた地に住む人たちも次々に短歌を詠んだ。後者の場合は、テレビや新聞やインターネット等から伝えられる情報を基にして詠むことになる。私はいくつかの新聞歌壇の選者をしているが、入選作品を選ぶときに「作者は被災地の人なのか、そうでないのか」という点にたびたび思いをめぐらせた。いわゆる「当事者性」の問題である。基本的には、私はいろいろな立場の人が自分なりの視点から震災を詠むことに賛成である。関心をもって見つめる、そして心を寄せる。そのことが震災を風化させないための貴重な一歩に繋がると思うからである。

ただ、そう考える一方で、震災から六年余りが過ぎた現在、震災以降に発表されたおびただしい数の短歌を読み返すと、やはり後々まで残ってゆくのは当事者の方々が詠んだ作品なのではないか、という気がしている。

引用した二首の短歌は、いずれも震災直後の状況を記録した作品である。一首目の作者の田中氏は震災当時、茨城県水戸市の中学校で教鞭をとっていた。国語の授業中に大きな揺れに襲われる。生徒たちをまずグラウンドに集合させ、そののち臨時避難所になった体育館まで誘導してゆくことになった。その折に周囲にガスの香が漂っていた、と表しているところがじつにリアルである。臭い（匂い）というものは映像からは伝わって来ない。その日その時、現場にいた者でなければ捉えられない感覚である。二首目の佐藤氏は宮城県仙台市在住だが、この歌に詠まれている現実にも胸を衝かれる。遺体安置所にも消防法が適用される、という事実の重さ。そうした状況の中で一つだけ置かれた香炉の切なさ。忘れてはいけない記憶が「臭い」の背景に刻み付けられている。

（二〇一七年七月一一日）

小寺隆幸

心的外傷の体験の中核は何であろうか。それは、無力化と他者からの離断である。だからこそ、回復の基礎はその後を生きる者に有力化を行い、他者との新しい結びつきを創ることにある。回復は人間関係の網の目を背景にしてはじめて起こり、孤立状態においては起こらない。生存者は心的外傷体験によって損なわれ歪められた心的能力を他の人々との関係が新しく蘇る中で創り直すものである。

（ジュディス・L・ハーマン『心的外傷と回復』中井久夫訳、みすず書房）

＊　＊　＊

三・一一後、甲状腺がんの手術を受けた一五〇名以上[*]の日本の子どもたちは、今どうしているのだろうか。転移への不安と、一生薬を飲み続ける重荷から自由にはなれない子どもたち。病気は原発事故のためではないと言われ、「ではなぜ？　自分が悪かったの？」と悶々と問い続けていないだろうか。手術したことを友だちにも知られたくないとひっそりと息をつめて生きていないだろうか。

私は、広河隆一さんが一九九一年に設立した「チェルノブイリ子ども基金」に関わり、ベラルーシとウクライナで甲状腺がんを手術した子どもと親に何度も会ってきた。親たちは、病院と連携して親の会を結成し、不安を語り励まし合い、必要な支援を政府に要求し、子どもたちへの偏見が生じないように地域に根ざした様々な活動を行ってきた。その親の姿を見ながら子どもたち同士もつながっていくことができた。

ベラルーシ政府は、汚染地域の子どもたちにはクラス単位での三週間の非汚染地域への移動教室を今も続けている。それに加えて「子ども基金」は、甲状腺手術を受けた子どもたちの三週間の保養を毎年実施してきた。子どもたちは、首の傷跡を隠そうともせず森の中で屈託なく遊び、語り合った。思春期の大事な時期に深い信頼関係を築き、その後結婚した若者たちもいる。また「子ども基金」は近年、成人になった彼らとその子どもを招く「家族の保養」も行っている。彼らは子どもへの影響の不安を話し合う中で、それを引き受けさらに前へ歩みだす。

今も、親の会・学校・医師・保養施設の専門家・心ある行政担当者などの協同が続いている。子どもたちは、大人たちが、地域が、国が、世界が自分たちを見守っているという信頼感に支えられ、仲間と結びつく中で自分の経験を意味あるものへと紡ぎなおし、生きる希望を育んでいる。

一方、福島では、放射能の不安を口にすることさえ風評被害をあおると非難される物言えぬ社会の中で、被災者は孤立させられている。手術後の子どもたちをつなぐために結成された「311甲状腺がん家族の会」もなかなか広がらない。この状況を創り出した根源は政府の棄民政策にある。

原発事故の膨大な被害を従来の法体系で救済することは不可能であるとしてロシア、ベラルーシ、ウクライナは五年後にチェルノブイリ法を制定した。それは分断された社会の連帯を回復するための政治の決断だった。甲状腺がんの子どもたちを始め被災地に住む人びとを守ることを国の優先課題とし、乏しい国家財政の中でも手厚い医療支援や保養制度を創造した。この惨事を社会全体で引き受け、何ら責任のない汚染地域の人びと、とりわけ子どもたちを守ろうという社会の合意は三一年後の今も続く。

被害の全貌が未だ見えない今の日本でも、WHOの予防原則に基づいた検診体制や、子どもたちに豊かな自然体験を保障する制度などを今確立しないと手遅れになる。「子ども・被災者支援法」はその第一歩だったはずだが、現政権は一顧だにしない。日本は本当に「法治国家」、「民主主義社会」なのだろうか。原発事故の被害を子どもたちに押し付けてしまった私たちの責任が問われている。

（二〇一七年七月一一日）

＊二〇一七年一二月二五日福島県は、東京電力福島第一原発事故時に一八歳以下だった三八万人中、がんまたはがんの疑いのある人は一九四人、うち一六〇人に手術し、一五九人が甲状腺がんだったと発表した。

三島憲一

どんな時代でも伝統を押し潰すコンフォーミズムから伝統を取り上げる試みが必要だ。〔中略〕死者といえども勝ち誇る敵の前では安全ではない。そしてこの敵は勝ち続けるのだ。

（ヴァルター・ベンヤミン「歴史の概念について」三島憲一訳）

＊　＊　＊

祖国と伝統を愛する教育などという声が政府とその周辺の御用学者たちからうるさい。今にはじまったことではないが、最近は特にボルテージがあがっているようだ。『美しい国へ』などというご著書もある方が、裏では不公正な利益誘導をしまくりながら、自衛隊の活動範囲の拡大を探っているのを見ると、ナショナリズムや、日本の伝統なるものが腐敗や暴力といかにむすびついているかがよくわかる。

ベンヤミンは、これが「伝統」であるとされているものがいかに欺瞞と暴力の落とし子であり、また欺瞞と暴力を生み出すかをよく知っていた。彼が目指したのは「伝統」を逆読みして、そうした力に押しつぶされていった人々の、実現しなかった夢を記憶のうちに保ち続けることだった。日本なら伊藤博文より田中正造の伝統だ。また古典文学にもある秩序破りの、エロスとも結びついたパワーだ。だが、変な伝統主義者ほど「文化」が好きだ。「文化財なるもので、思い起こせば身震いのしないものはない」と、ベンヤミンは同じ文章で述べている。坐禅という文化にもときどき耽る安倍首相のゴリ押しで世界文化遺産に登録された長崎県の軍艦島では、中国人捕虜や朝鮮半島出身者が過酷な労働を強要されていた。身震いしないわけにはいかない。

　過酷な条件下で亡くなったからといって話が終わるわけではない。彼らはさらに無視され、忘れ去られる。「死者といえども勝ち誇る敵の前では安全ではない」。

　水俣でも福島でも理不尽に亡くなった死者たちは無視され続ける。そして東電であれ、官邸関係者であれ、「この敵は勝ち続ける」。しかし、斃《たお》れた者たちへの記憶の文化だけが、斃れた者たちの破壊された尊厳を、社会的承認をかすかにであれ回復できる、とベンヤミンは考えていた。

　そうした営みをする人々をベンヤミンは「破壊的性格」と名づける。破壊的性格の持ち主は、ともかくすべてが気に入らないのだ。性格的にはアナーキズムそのものであるが、外からそう見えないのは、同時に冷静な理論家でもあるからだ。この理論家の特徴は不信である。「破壊的性格の〔中略〕基本的情念は、起きていることへの押し殺しがたい不信の念である。そして、すべては失敗するのではないかということにいつも気をつける用意である」。政府の発言や行動に、美辞麗句にたえず「不信」を抱くことが今ほど必要な時代はない。そうした不信は個人的には「心配」や「不安」の感情となる。「不安を抱くからこそ生き延びられるのだ」とは、同じ時代を生き抜いたハンナ・アーレントの言葉だ。

（二〇一七年七月一一日）

小谷みどり

あの晩、車のフロントガラス越しに見えた夜空は、見渡す限り満天の星空でした。〔中略〕まるで、「忘れないで」と言わんばかりに一つひとつの星たちが語りかけて来たような気がします。どんなにか生きていたかったか。

（仙台市の葬儀会社、八善堂の片平善弘さんの文章『弔鐘――宮城県葬祭業協同組合の活動記録：3・11東日本大震災』宮城県葬祭業協同組合より）

＊　＊　＊

葬送問題を研究する私は東日本大震災後、幾度となく、名取市閖上《ゆりあげ》地区に足を運んだ。閖上地区だけで犠牲者は八〇〇人近くもおり、木造住宅はほぼ全てが流された。地区に二つあったお寺は倒壊し、墓地に並んでいたお墓は、大きな墓石ごと津波に流され、地面に基礎の穴が残っているだけだった。墓石の下に安置されていた遺骨もすべて流された。自宅にあった仏壇や位牌、写真もすべて失った住民たちは、先祖に手を合わせる物や場所がすべてなくなったことを嘆いていた。仙台市内のお寺の境内に設置された仮の納骨堂では、東日本大震災で亡くなった人たちの骨壺が、苗字のあいうえお順に並べられていた。慣れない仮設住宅での生活のなか、多くの遺族が犠牲者に会いに日参し、故人の好きなお酒やお菓子を骨壺の前に供えていた。

仙台市内の別の集落の墓地でも、多くの墓石が流された。住民たちは、海までは流されなかった墓石を見つけ、墓地に運び、そこに花を供えた。遺骨がなく、墓石だけであっても、残された人にとっては、そこが故人と対峙する大切な空間なのだということを、改めて思い知った。

すべての人はいずれ、死を迎える。しかし残された者にとっては、死者はいつまでも心の中で生き続ける存在となる。片平さんが感じた、「忘れないで」という犠牲者たちの願いは、死者を「生者を見守っている存在」にすることで叶えるしかない。同時に、それは残された者の生きる原動力にもなる。生前の故人のことを思い出してくれる友人や家族がいる限り、死者は社会的には死んでいないともいえる。私たちが死者の思いをつないでいくために、死から何を学ぶか、が問われている。

（二〇一七年八月一一日）

佐藤　泉

「魚は舟の上で食うとがいちばん、うもうござす。

舟にゃこまんか鍋釜のせて、七輪ものせて、茶わんと皿といっちょずつ、味噌も醬油ものせてゆく。そしてあねさん、焼酎びんも忘れずにのせてゆく。

昔から、鯛は殿さまの食わす魚ちゅうが、われわれ漁師にゃ、ふだんの食いもんでござす。してみりゃ、われわれ漁師の舌は殿さま舌でござす。」

「あねさん、魚は天のくれらすもんでござす。天のくれらすもんを、ただで、わが要ると思うしことって、その日を暮らす。

これより上の栄華のどこにゆけばあろうかい。」


（石牟礼道子『新装版　苦海浄土』講談社文庫）

＊　＊　＊

石牟礼道子は水俣の漁師たちが毎日魚を山盛りにして食べていたこと、彼らの「ぶえん」（無塩）の刺身がいかに贅沢な食であったかを繰り返し書いている。『苦海浄土』を読み返すたび、言葉で描かれた美味のなかで、やはりこれこそ至上の美味ではないかと思わずにはいられない。自分の取った魚で一日三合の焼酎を飲み、そのように日々を過ごした漁師はこう語る。「人間栄華はいろいろあるが、漁師の栄華は、こるがほかにはあるめえが」。

ここには幾重にも深い逆説が折り畳まれている。その刺身がたいへん美味しく、そうであるからこそ海辺の人々は気づかぬうちに魚に蓄積された水銀を大量に摂取し、そして人々の身体は取り返しがたくそこなわれた。もし不知火海《しらぬいかい》の魚が不味かったら、あるいは有害物質によって魚の味が変わっていたら、患者たちも患者にならずに済んだのだろうかとも考えてみる。だが、生の喜びである食について、いっそ不味ければよかったのにと思うのは深い倒錯であるにちがいない。

水俣病が世間に知られるようになったころ、取材にやってきた記者や学者は、漁師の豊かさを理解することができなかった。彼らは値段をつけて売っている食品しか知らず、漁師の食の豊かさを計る尺度を持ちあわせていない。だから、彼らからすれば漁師の生は「貧しく」、その日の米もない漁師たちは毒の魚を食べるほかなかった、という説明になる。ここには何か、歴史の深い断層のようなものが横たわっており、私たちはその深淵に墜落するような思いにとらわれる。

福島の原発事故の後、あまりに多くのものが失われ、いまも日々何かが失われ続けている。避難指示解除前の飯舘村をバスで通りぬけたとき、どの家もカーテンを閉じ、しんと静まりかえっていた。南相馬の町から海の方角へ歩いていくと、そこからは何もない空間が広がっていた。私には言うべき言葉がない。その私もまた何か重要なものを失っているのだろう。原子力発電所が崩壊する以前、あるいは水俣の海が病むよりずっと以前のどの時点かで、この社会、この国家は、決断も熟慮もなくある「豊かさ」を選んでおり、そこに一切の価値が吸収されるという原則を是認していた。漁師の栄耀栄華を理解する力を失った。

潮で炊いた飯の香、舟の上でさばいた魚、その豊かさの質を、私は石牟礼道子の言葉を通してかろうじて味わうことができる。けれど私は、本当には何が失われたのかがついに分かっていないのかもしれない。それが、恐ろしい。

（二〇一七年八月一一日）

増田ユリヤ

ともだちって
かぜがうつっても　へいきだって　いってくれるひと。
ことばがつうじなくても　ともだちは　ともだち。
だれだって　ひとりぼっちでは　いきてゆけない。
ともだちって　すばらしい。

（谷川俊太郎・文、和田誠・絵『ともだち』より抜粋、玉川大学出版部）

＊　＊　＊

震災の二日後、私は予定通りパリに向かった。中東やアフリカから、戦禍を逃れ、命からがらひとりでフランスまで逃げてきた未成年亡命者たちの取材のためだ。東北の大惨事を目の当たりにし、今、日本を離れていいのか、何度も自問自答した。ただ、私自身が直接被災した訳ではなかったので、目の前にあることを一つひとつ片づけながら、その都度何ができるかを判断していくしかない、という結論に達した。

パリに着くと、誰もが震災のことを知っていて、とても心配してくれた。テレビやラジオからはフランス語に混じって「フクシマ」の名が繰り返し聞こえてくる。中には「原発事故があった日本なんかに帰せない。お金の心配もいらないから、うちに来なさい」と言い出す人までいた。有難いのと同時に、事態の深刻さを思い知らされ不安は増すばかりだった。

そんな私を支えてくれたのが、明日をもわからない不安の中を生きている、未成年亡命者たちだった。部族の掟を守らないからと拷問にかけられたマリの少年、目の前でタリバンに両親を殺され、自分の命も危ういからと逃げてきたアフガニスタンの少年……。滞在許可がおりるのか、このままフランスで暮らしていけるのか。家族とも離れ離れになり、右も左もわからない異国にあって、言葉もろくに通じない私に対して、懸命に話しかけ、励ましてくれたのだ。「オレは何もしてないよ」としらばっくれながら、見えないように私の肩を叩いて笑わせてくれたり、「彼女を作るにはどうしたらいい?」と相談してきたり。「大学に行って原発について勉強したい。日本の役に立てるかもしれないよ」と夢を語ってくれる少年もいた。自分のことだけで精一杯のはずなのに、前向きに、人を思いやる気持ちを忘れない彼らの姿に胸が熱くなった。

「絶対に(筆者を)忘れないよ。オレたちトモダチだから」

彼らの笑顔を胸に、今なお、細々とだが被災地支援活動の取材を続けている。

(二〇一七年八月一一日)

鬼頭秀一

放射線が見えないのは、自分たちの都合で自然を社会化した国と東京電力が、その結果として発生した社会の病の存在をきちんと認めないからだ。政府が避難指示の解除にともない住宅の無償提供などの支援を打ち切れば、「避難者」という存在も不可視化され、放射線被害は一層見えにくくなる。被災者の不安が過剰に見えるとすれば、放射線の物理的影響に上乗せされた社会の病が隠されてしまうからではないか。

（伊藤浩志『復興ストレス——失われゆく被災の言葉』彩流社）

＊　＊　＊

二〇一一年の東日本大震災に伴う福島第一原発事故から六年以上経って、行政による強引な帰還政策が断行されている。放射線量が未だに高い地域が点在しており、山林などは除染もされず、除染土のフレコンバッグが膨大に置かれている状況の中でである。高齢者が帰還したいという思いはよく分かる。しかし、若い人たちに帰還を強要することは無理というものである。自治体によっては、二〇一一年に、その値が高すぎると批判がありつつも「緊急時」の「暫定的」な基準として定められた年間二〇ミリシーベルトの基準を、強引に適用することで小中学校再開を行うことまで決めている。

被災者の人たちが持っている「不安」は「リスクコミュニケーション」で解消するべきものと捉えられている。本来の「リスクコミュニケーション」は多元的なリスクを人々がそれぞれの人生の価値観の中でどのように選択していくのかを助けるものであったはずだ。しかし、今ここで展開されているのは、「正しい科学的知識」を持つことで「不安」が解消され、問題の解決になるという、一種の「教化」ではないのか。帰還政策を支えるべく、専門家と自称する人たちの「科学的に正しい」とされた言説が跋扈《ばっこ》し、すこしでも疑問を持つ言説は「デマ」攻撃される事態にまで発展してきている。

そもそも、「リスク」には多元性があり、一元的に定められるものではなく、その意味で「安全」は科学的に決められることではない。放射線被曝についての「不安」は、その長期的な影響も含めた「不確実性」が高いことにも起因しているにもかかわらず、こうした「不安」さえ口に出すことが憚られるような言説空間が形成され、それによっても被災者はより疎外されていく。

帰還の選択はできず避難を続けなければならない人たちや、帰還しても日々「不安」を感ぜざるを得ない人たちに対して、どのように寄り添うべきなのだろうか。その鍵になるのは、「不確実性」に対してきちんと向き合い、それを受け入れる姿勢である。「不確実性」を許さず科学的に明白だとして抑圧する言説が、被害にあっている人々をより苦しめ孤立させ、「不安」に追いやっているのである。水俣病のような、現在でも継続している公害問題における「被害」を捉える際にも同じようなことが起こっていた。政策に乗せることができるように、その「不確実性」を的確にマネジメントしていくことが専門家に求められているのである。

翻ってみると、災害が多発する中で、地球温暖化も含めた環境問題をどう解決していくべきかということに対しても、同じ構造があるのではないだろうか。私たちは自然とどう向き合うのかを問われている中で、「不確実性」を受け入れ、それをうまくマネジメントし、問題を捉え直していくことができるのではないか。それが今、求められている。

（二〇一七年九月一一日）

桑原史成

二〇一一年一一月、最初の取材で紅葉する山を切り取った。「死んだ山野に輪廻のように繰り返す美しさを見た。人々が失ったものを表現したかった」。日韓両国で開いた写真展は「奪われた野にも春は来るか」。日本の植民地時代の朝鮮の詩と同じ題だ。国の原子力政策に翻弄された人々との、「苦痛の連帯」を試みたという。

(原発事故被災地の取材を続ける写真家・鄭周河さんの言葉、朝日新聞二〇一七年七月二一日より)

＊　＊　＊

鄭周河《チョンジュハ》さんは、いま韓国で活躍するドキュメント派の写真家である。

この春に韓国では前大統領の朴槿恵《パククネ》氏が弾劾裁判で罷免されて急遽、大統領選挙が行われた。ぼくは一九六〇年代から韓国での取材を継続してきたことから、歴代の大統領をほぼ記録している。このたび現地を訪れた折に、鄭さんと再会した。

釜山の古隠写真美術館で写真展「모래 아이스크림/Sand Ice-cream」(砂のアイスクリーム)を開いていた。韓国の写真作家の多くはアート系(コンテンポラリー)といわれ美術に通じる被写体を撮

る傾向が強い写真風土の中で、鄭さんは社会の動きにも関心を持ち、また日本にも取材範囲を広げている。

韓国の写真家にとって、日本は取材がやり難い国のようである。ぼくが知っている限りでは、日本に生活の場をおき、震災を撮る朴晋暎《パクジンヨン》、今年の土門拳賞を受けた「新宿迷子」の梁丞佑《ヤンスンウ》、数年前に講談社出版文化賞写真賞を受けた権徹《ゴンチョル》、それに「慰安婦」の写真展をめぐってニコンを訴えた安世鴻《アンセホン》たちだけである。

韓国の原発は二四基で、鄭さんはその一つの釜山から近い古里《コリ》原発の前の浜で砂遊びをする少女の姿などを撮影した写真集を出版しており、それが今回の写真展のテーマでもあった。

ぼくも福島原発の周辺で浪江町や飯舘村などを撮影してきている。

東日本大震災から半月後の三月末から取材を開始した。岩手県の宮古市中心部から近い重茂《おもえ》半島に、まず訪ねてみたいところがあった。重茂漁協は首都圏を中心に活動する生活クラブ生協との間で産直の取引があったことによる。ぼくは生活クラブの編集部門で写真に関わっていたため、重茂についての知識はもっていた。

海岸部におかれた漁協の施設は鉄骨を残すだけでことごとく流されていたが、漁協の本部事務所や産直用の食材を加工する工場や冷凍倉庫などは、見上げる中空のと表現したくなる海抜八五メートルのところにあった。重茂は近代だけでも明治三陸地震（一八九六年）と昭和三陸地震（一九三三年）に被害を受けてきた。

先人たちが残した石碑の碑文に「此処より下に家を建てるな」と刻んであった（写真）。碑の標高は約六〇メートルで、この下の姉吉部落の地には一軒の民家も建っていなかった。しかし、重茂半島全体での犠牲者は五〇人、負傷者一五人。漁協の世帯数四〇三世帯のうち、八八世帯の家屋が流された。海岸部の平地は経済性や利便性にすぐれていて、先人の遺訓を生かしきれない。

「喉元すぎれば熱さを忘れる」という。自分自身も同じような失敗を幾度となく繰り返す。人の世の不幸も同じようで、災害の悲劇は未来永劫無くなるということはないのかと思わされる。

（二〇一七年九月一一日）

森田裕美

「忘れないと、つらくて前に進めないこともある。でも私たちは、忘れてはいけないことまで忘れてしまっているのではないでしょうか」

＊　＊　＊

広島市の児童文学作家・中澤晶子さんをインタビューした際、投げ掛けられた言葉である。東日本大震災と福島第一原発事故の発生から五年を迎えた昨年三月のこと。中澤さんはちょうど、チェルノブイリと福島を舞台に、置き去りにされた子豚の目線から人間の「忘却」を問う児童書『こぶたものがたり――チェルノブイリから福島へ』(ささめやゆき絵、岩崎書店)を出版していた。

中澤さんの話にうなずきながら、以来、「忘れてはいけないこと」についてずっと考えている。

七二年前、米国に原爆を落とされた広島で、新聞記者として、被爆者たちの「忘れたくても忘れられない」悲しみに耳を傾け、伝える仕事を続けている。「記憶の風化」とか「継承が課題」

とか叫ばれて久しいけれど、いまだに見つからない肉親を捜す人、自分だけ生き残ってしまったと罪のように感じて過ごしている人は少なくない。きのこ雲の下には、無数のいのちの営みがあって、痛みはいまに続いている。それを、「忘れてはいけない」と強く思う。

一方、国内外から被爆地を訪れた政府要人たちを取材すると、多くは神妙な面持ちで「ヒロシマを忘れてはいけない」と口にする。そうした志の共有が、国連での核兵器禁止条約採択につながったとの見方もあろう。でもどこか空虚な響きを感じてしまう。そしてその条約に、核保有国や被爆国政府は背を向けている。

福島についてはどうだろう。人間は核を制御しきれない――。あれほど思い知らされ、多くの人が立場を超えて、「忘れてはいけない」と胸に刻んだはずだ。それでもいま、都心は五輪開催に沸き、気がつけば各地の原発が次々と再稼働している。

「忘れてはいけないこと」とは何なのだろう。

歳月が、記憶を遠のかせてしまうのは無理からぬことかもしれない。だから折々にかみしめ、自らに問い掛けを続けたい。それが、忘却にあらがうことにつながると信じて。

（二〇一七年九月一一日）

石川　梵

「山は父、海は母、おっかさんがちょっと怒ったんだから、しょうがないんだよ。前を向いて生きるしかない」

（菅野啓佑さんの言葉）

＊　＊　＊

陸前高田で家と姉を失った菅野啓佑さん（七六歳）は、震災から五年目の二〇一六年三月、海を見ながら私にそう語った。

菅野さんと出会ったのは、二〇一一年四月下旬、まだ余震が続く被災地の陸前高田を取材していたときのことだ。瓦礫の中に鯉のぼりを見つけ、車を停めてそばへ行った。鯉のぼりの袂には初老の男性が佇んでおり「なあに、みんなが元気になればいいと思ってね。瓦礫の中で見つけた鯉のぼりを立てたんだよ」と話してくれた。

蔵もあったという菅野さんの家は津波で消失していた。避難した近所の小学校の校庭では、押し寄せてきた黒い波に多くのお年寄りが呑まれたという。

「鯉のぼりの季節が終わったら、大漁旗を立てたい」と菅野さんはポツリと言った。「何か元気になるものが必要なんだ」そして「黄色い布を飾りたい」と。

「こんなところだと手に入れるのも大変でしょう」と、黄色い布を調達することを私は申し出た。そして菅野さんに別れを告げ、次の被災地へと向かった。

それから二週間後、東京へ帰ると、ＮＰＯの友人がメールに写真を添えて送ってきた。見ると、瓦礫の大地に無数の黄色い布を靡《なび》かせた旗が立っていた。

どこかで見たような光景だった。

それは映画のワンシーンだった。

それからしばらくしたある晩、我が家に電話がかかってきた。「映画監督の山田洋次と申します。あなたの写真集を見たのですが……」。

大監督からの突然の電話に驚いた。あれから陸前高田を再訪した私は、旗の写真を自著の最後に掲載していた。山田監督はその写真に感銘を受け、応援する旗を隣に立てたいと私に語った。

気仙大工の菅野さんは若い頃、夕張炭鉱で出稼ぎをしていたことがある。ちょうどその頃、『幸福の黄色いハンカチ』が封切られ、現地で観て感動した。その映画の記憶が蘇り、ある願いを込めてこの旗を立てたのだった。

映画の中では、殺人事件を起こし、刑務所に入った高倉健が、妻である倍賞千恵子にこんなことを手紙に書いて送った。「出所しても俺を待っていてくれるなら、庭の鯉のぼりの竿に黄色いハンカチを飾っていてくれ。もしハンカチがなかったら、俺は二度と、この家の敷居はまたがない」。

数年後、出所し、おそるおそる家の近くまで来た高倉健は、庭に飾られた無数の黄色いハンカチを目にすることになる。

大漁旗は、気仙では福来旗《ふらいき》と呼ばれ、新造船の進水式で飾られる。新しい旅立ちと安全を祝う旗だった。

「海は母、おっかさんが怒ったんだからしょうがない」。

嵩上げ工事で黄色いハンカチの旗は撤去されてしまったが、その旗は菅野さんの心の中で今も風を受けて靡く。

「きっとみんながまたこの土地へ帰ってこれるように」。

（二〇一七年一〇月一一日）

米山リサ

「日本への原爆投下は必要なかったと、今では多くのアメリカ人が知っている。〔中略〕償いのために原子力の平和利用の手立てを日本に授ける、これ以上の貢献があるだろうか」

（*The Washington Post*, 1954）

「私は与えてあげたかったのです。彼らが享受できたはずの人生を」

（映画『贖罪』二〇〇七年、邦題『つぐない』、日本公開二〇〇八年）

＊　＊　＊

最初の引用（拙訳）は、一九五四年掲載のワシントンポスト紙の社説からの一節だ。歴史学者ピーター・カズニックが3・11後にネット上で紹介した。*

核攻撃と放射能汚染による後障害を知る人々が多く暮らす日本列島に、なぜ五〇基を超える数の原子力発電所が並び立ち、史上最悪の原発災害を引き起こすに至ったのか。事態は収束せず、責任の所在も明らかにされないなか、なぜ停止していた原発の再稼働を急ぐのか。なぜ日本の核政策は、3・11後の歴史の瞬間に踏みとどまれないのか――福島第一原発のメルトダウン、そしてその後もつづく破局的状況の大本に、第二次世界大戦から冷戦へと続くトランスパシフィック（太平洋を貫く）な力学があったことを、この一節はあらためて教えている。

原発を与えることで原爆投下の過ちを償うという米国の態度は、たしかに衝撃的だ。しかし、ここには和解やリドレス（補償、償う、元に戻すこと）の仕組みに通底する矛盾が凝縮されている。

イアン・マキューアン原作、ジョー・ライト監督の映画『贖罪』は、この本末転倒を示唆深く描き出した。

『贖罪』の主人公は、幼いころ自分の嘘によって姉から恋人との幸福を奪ってしまったという過去をもつ。女性は後に小説家となり、自分の過ちで姉たちを生涯苦しませたことの償いとして、幸福な結末を小説に描いて二人に与える。映画の冒頭から終始流れるタイプライターの音は、過去を償うことはディクテーション、つまりきちんと聞き取りこれを書き記すことにあると思わせる。しかしディクテーションにはディクテイト、すなわち命令を下し指図するという意味もあるのだ。主人公が一方的に与えた結末は、はたして二人が真に求めた生であったのか。二つ目の引用（拙訳）は、書き手／償い手が映画の最後に述べた一言である。

和解や補償をめぐる場で、当事者の求めを無視し、加害者が謝罪や償いを一方的に投げ与えるということがあまりにも多くみられる。原発という償いもそうだった。国家間の「合意」（二〇一五年）にもとづき、拠出金を差し出すことで「慰安婦」問題の「最終的かつ不可逆的」な解決を要求する日本政府の態度にいたっては、あえていうまでもない。

（二〇一七年一〇月一一日）

*Peter Kuznick, "Japan's Nuclear History in Perspective: Eisenhower and Atoms for War and Peace," ***The Bulletin of the Atomic Scientists***, April 13, 2011. 全文は田中利幸、ピーター・カズニック『原発とヒロシマ――「原子力平和利用」の真相』（岩波ブックレット）で読むことができる。

森　達也

おふくろが流されたのは私のせい。私が油断したのが間違いだった。

（石巻市牡鹿半島のSさんの言葉、『毎日新聞』二〇一一年三月二二日）

＊　＊　＊

揺れは激しく、その後の予定はすべて白紙となり、僕はその場にいた人たちと居酒屋に行った。さんざん飲んだ。でも電車は復旧しない。徒歩で二時間ほどかかる友人の家に行った。泥酔状態で着いた家でテレビを観て、初めて東北で起きていることを知った。ビールを飲みながら下らない話に僕がゲラゲラ笑っていたそのとき、東北では多くの人たちが、津波に呑まれながら死んでいった。でも気づかなかった。これほどの災害だとは思わなかった。想像すらしなかった。

翌日に帰宅してからほぼ二週間、僕は家にこもり、早朝から深夜まで、ひたすらテレビを観続けた。僕のこれまでの生涯で、最も濃密にテレビを観続けた日々だと思う。たまにメソメソと泣いていた。つまり鬱状態になっていた。

そんなときに、年老いた母親と共に逃げようとしながら、結局は自分だけが助かった男性が、今もなお自分を責め続けているという記事を新聞で読んだ。

彼だけではない。多くの人たちが、愛する妻や夫や子や両親を失いながら自分だけが生き残ったという現実を、咀嚼できずにいる。被災者だけではない。被災しなかった人たちも（その瞬間に泥酔していた僕も含めて）、以前とは変わらない日常を送りながら、この感覚をどこかで共有している。英語にすれば、Survivor's guilt。強いて訳せば「生き残ったがゆえの罪責感」だ。

これらの疚きや後ろめたさは、他の災害や事故に対して、これまで無関心だった自分に気づかせる。世界では今この瞬間も、飢えや病気や戦争で、多くの人が苦しみながら死んでいる。時おりはそんな人たちのことを考える。でも決して持続しない。これまではそうだった。でも三月一一日以降、目を逸らしてきた自分たちの本質的な冷酷さに、多くの人たちは意識下で気づいてしまった。

ならば日本は変わる。一時はそう思った。でも一時だった。この国の復元力は強い。あっというまに疚きは消えた。でも気づいた人はいる。そんな人たちが世界を変える。今はそれを信じよう。


（二〇一七年一〇月一一日）

大口玲子

お家《うち》焼かれた東京の
子供よ子供よみな來ぬか
田舍は靜かだお日和《ひより》だ
蜜柑も熟れた菊咲いた

（若山牧水「田舍に來ぬか」より『若山牧水全集』第一一巻「童謠集」、増進会出版社）

＊　＊　＊

東日本大震災直後、「何を食べよう」「どこに住もう」というシンプルで深刻な問題に直面した。当時二歳の息子がいて、宮城県仙台市在住。震災によって重大事故が起きた原発は、隣の福島県にある。とりあえず、事故を起こした原発から離れようと長崎まで行った時、宮崎の伊藤一彦さんが電話をくれた。同じ短歌の会で、父親のような存在感の大先輩である。大きく温かい声で「仙台から長崎まで来たのに、何で宮崎に来ないの」と言ってくださった。それがきっかけで、私達家族は親類縁者のいない宮崎に移住し、もう六年になる。

宮崎で暮らし始め、東北はみるみる遠くなった。何か自分にできることをしようと、「福島の子どもたち宮崎に来《こ》んねキャンプ！」の手伝いをしている。「来《こ》んね」は宮崎の方言で「来なさい」とか「おいでよ」の意味。放射能の影響で外遊びが制限される福島の子どもたちが、宮崎で思い切り遊ぶ一週間のキャンプで、来年は七回目になる。これまで、食事を作ったり、小さい子どもを抱っこしたり、お金がある時は寄付をしたり、ささやかなお手伝いをしてきた。そのたびに、「来《こ》んね！」の呼びかけに応えて宮崎へ来てくれたお母さんたち・子どもたちに直接向き合うことで、東北を離れた私自身が深く励まされていることをいつも感じる。

「田舎に来ぬか」は、九〇年ほど前に若山牧水が書いた童謡である。この「田舎」は、牧水が当時住んでいた沼津だが、宮崎生まれの牧水の話し言葉だと「田舎に来《こ》んね！」となるのだろうか。関東大震災で傷ついた子どもたちへの優しい呼びかけである。

しかし改めて考えてみると、今の日本で牧水のように無邪気に「子供よ子供よみな来《こ》ぬか」と言える所があるだろうか。震災後五四基すべてが稼働停止となっていた日本の原発は、少しずつ再稼働が始まった。隣の鹿児島県でも、二年前、川内《せんだい》原発の運転が再開されている。

私は牧水が生まれた宮崎に住み、牧水が生きた時代には一つもなかった原発を気にかけながら、牧水は一首も作らなかった原発の短歌をときどき作ったりして暮らしている。息子は九歳になった。

（二〇一七年一一月一一日）

実川悠太

間に合わなかった。また父のような人が出るんでしょうね。私は何をしてたんだろう。くやしい、悲しいですよ。

（水俣病患者・吉永理巳子さんの言葉。福島第一原発メルトダウンの数日後、久しぶりの電話で）

＊　＊　＊

理巳子《りみこ》さんは四人兄妹の末娘として、水俣市の明神《みょうじん》に生まれた。祖父は網元で、食卓の主役はいつも魚介類だったが、父の大矢二芳《つぎよし》さんは職工の若い頭としてチッソに勤めていた。二芳さんを襲った奇病の発生が「公式確認」されるのは、病状が小康状態を迎えたころだったが、それから急変して発病一年半で二芳さんが狂死したとき、理巳子さんはまだ五歳。前後して起きられなくなった祖父と弱っていく祖母、四人の子をかかえる母のミツ子さんはまだ二九歳だった。「日雇い」という労働が幼い理巳子さんから母をも奪った。怖い水俣病。つらい水俣病。人が嫌がる水俣病。恥ずかしい水俣病。理巳子さんは、父と祖父母の病を人に知られたくなかった。話したくなかった。だから無口な子になった。父や祖父母のことも忘れようと、就職して結婚して三人の子の母になって、人並みに幸せになったはずだった。しかし、何かが引っかかる。知りたくないけど知りたい父の病、そのわけ。

一九九四年、人から借りた『水俣の啓示――不知火海総合調査報告』(色川大吉編、筑摩書房)は衝撃だった。話を聞き、映画を見て、本を読んで、少しずつ明らかになっていく「知りたかったこと」。わが家だけ、明神だけじゃなかった。チッソが作った病。国は排水を止めなかった。原因はわかっていた。父は悪くなかった。悪いのは父のことを隠した私だ。あんなにかわいがってもらったのに。謝りたい。何をしたら償えるのか。つらかったろう。くやしかったろう。言いたいことがたくさんあったはず。みんなに聞いてもらいたい。父さんの言葉を聞かせたい。そうだ、代わりに私が話そう。多くの人に聞いてもらおう。それから理巳子さんは人前で「わが水俣病」を語り始めた。今でもチッソ城下町の色合いの濃い街で語り部として、時には依頼を受けて各地に出向いて行って。

自然の力に人間は勝てない。災害は残酷だ。だからこそ人間が災害を作ってはいけない、水俣病を繰り返してはいけないと理巳子さんは思う。私の理巳子さんとの付き合いも十数年に及んでいた。しかし、そこまで背負っているとは気付かなかった。私は自分を恥じた。気を取り直した理巳子さんのお話は、来春出版する講演録『水俣から』『水俣へ』(水俣フォーラム編、岩波書店)に収載するが、その中でも紹介される父・二芳さんの遺影は、全国各地で開催している「水俣展」の中で、他の四七三影とともに公開している。

(二〇一七年一一月一一日)

山本宗補

被災地から遠く離れた私たちは、わずか一年半で忘れようとしている。これはまさしく棄民ですよね。棄民政策というものがないとしても、棄民が現実の問題として起きているわけです。〔中略〕この本でも少し触れましたが、浪江町の吉沢〔正己〕さんのお父さんと飯舘村の開沼幸一さんの両親は、満蒙開拓団の一員でした。

（「山本宗補氏に聞く、『鎮魂と抗い――3・11後の人びと』」『図書新聞』二〇一二年一二月二二日）

＊　＊　＊

世間では信州人は理屈っぽいといわれている。東日本大震災、東京電力福島原発事故から六年半経った今年（二〇一七年）九月、東京での生活を切り上げ、生まれ故郷の信州、御代田町《みよたまち》に引っ越した。高校を卒業して以来の信州人に戻った。だが、フォトジャーナリストを引退したわけではなく、連れ合いが定年退職したことが区切りだ。三〇歳を過ぎてからフォトジャーナリズムの世界に足を踏み入れ、まだこの道三〇年余。来年（二〇一八年）で六五歳となるが、体力は衰えていない。

御代田町は活火山として名高い浅間山の南麓に位置する高原の町。軽井沢町、小諸市、佐久市に囲まれている抜群の自然環境の只中にあり、御代田は高原野菜、佐久平は水田地帯が広がる。原発事故後の福島県を取材で走る度に思うのは、信州の山や川、里山や水田地帯によく似た美しい田園風景を素直に受け入れる楽しみを奪い取った放射能汚染の酷さだ。人は大切なものは失って初めて気づく。

引用文で紹介した『鎮魂と抗い』は、3・11後の被災地通いの記録を一冊にまとめたものだが、出版後も福島県の取材は続けてきた。しかし、人は忘れやすい生き物でもある。歳月の経過に加え、安倍首相の東京五輪招致成功を大きな契機として、大手メディアは東京五輪一色の報道となり、原発に関する批判的報道は減った。人々の原発問題に対する不安がふたたび他人事となるとともに、頻繁に取材に通った国会前の反原発の抗議行動や脱原発集会への参加者も減り続けた。

電力会社にとり原発再稼働に反対する抵抗勢力の声は小さくなったのかもしれない。国民の声に聴く耳を持たない安倍首相は、原発の再稼働と輸出に反対する市民の声などももちろん無視。選挙の度に福島県で第一声を発する露骨なパフォーマンスは、鏡で自分の顔を見てうっとりするナルシシストなればこそと思えばわかりやすい。

歳月の経過はフリーランスのジャーナリストの継続取材に、とてもやっかいな現実問題として立ちはだかる。取材の視点を変えるなどの工夫が足りないといわれればそれまでだが、若干の原稿料、依頼される写真展や講演会などを除き、本業で生計を立てつつ取材を続けることがますます困難になってきた。財布の枯渇は取材の質の低下につながりかねない。ここ数年はアルバイトで取材費を捻出する非正規労働者の一員として、心細さと格差社会を強く実感している。国は国民が生活のために政治を顧みる時間も心の余裕も持てないように仕向けている、と私は思っている。

東京は3・11の被災地に通うには至便な距離にあった。信州に身を置いた今、被災地が、抗議集会が、いろんな意味で遠くなりかけている。とはいえ、長野県は満蒙開拓団を全国一送り出した県。「棄民」の記憶が忘れられることはない。原発事故による「棄民」に抗う被災者の個々の生き方を今後も継続取材できるかどうかは、権力に抗うぶれない生き方を私自身が続けられるかどうかにかかっている。

（二〇一七年一一月一一日）

青木　理

蟋蟀《こおろぎ》は鳴き続けたり嵐の夜

（桐生悠々）

＊　＊　＊

東京・府中市の多磨霊園に、桐生悠々は永眠している。その墓の一角に、この句の刻まれた小さな石碑が立っている。

悠々については、あらためて詳述の要はあるまい。一八七三（明治六）年に金沢で生まれた悠々は、大阪毎日新聞や東京朝日新聞などで記者生活を始動させ、信濃毎日新聞の主筆時代には「関東防空大演習を嗤《わら》ふ」などを書いて軍部の憤激を買った。これによって主筆を追われたのちは名古屋へと移り、たびたびの発禁処分にもめげず個人誌『他山の石』の刊行をつづけた。

世を去ったのは一九四一（昭和一六）年の九月。日本が太平洋戦争に突入するわずか三ヵ月前のことであった。またも発禁処分となった最終号の『他山の石』に、次のような一文を書き遺して悠々は逝った。

〈…この超畜生道に堕落しつゝある地球の表面より消え失せることを歓迎致居候も唯小生が理想したる戦後の一大軍粛を見ることなくして早くもこの世を去ることは如何にも残念至極に御座候〉

まさに暴風吹きすさぶ嵐の夜、懸命に鳴きつづけた悠々の記者人生。ジャーナリズムの役割をつきつめれば、この句にすべてが凝縮されていると私は思う。

そして現在。

3・11と称される東日本大震災と、それによって引き起こされた福島第一原発の事故は、天災と人災が複合した未曽有の大惨事、文字通りの大嵐だった。しかし、その肝心な時、この国のジャーナリズムは残念ながら評価を下げた。本当のことを伝えていないのではないか、と疑念を抱かれ、どう考えても洛陽の紙価を落としてしまった。

その後も嵐はつづく。特定秘密保護法、打ち捨てられた武器輸出三原則、集団的自衛権の行使容認に道を開く安保法制、共謀罪、軽んじられる議会、崩れ落ちる立憲主義、時計の針を逆行させるかのごときうごめきの数々、消え入りそうな戦後の矜持。

だというのに、すでに過半のマス・メディアは鳴くことをやめ、いいぞいいぞと鐘を鳴らして提灯行列に舞っている。残る過半のマス・メディアも、かろうじて鳴き声をあげているようには見えるけれど、内心ではびくびくとおびえ、あまり大きな音で鳴きすぎないように自制の雰囲気を漂わせている。

吹く風は激しさを増している。なのにお前たちは、鳴く蟋蟀たりえているか。いや、そもそも本気で鳴こうとしているか、鳴くことが役割だと心得ているか。

先日、悠々の墓を訪ねた。秋空の下、そう問いかける蟋蟀の激しい鳴き声が、どこからか聞こえてくる気がした。

（二〇一七年一二月一一日）

尾崎寛直

およそ戦争という国の存亡をかけての非常事態のもとにおいては、国民がその生命・身体・財産等について、その戦争によって何らかの犠牲を余儀なくされたとしても、それは、国をあげての戦争による「一般の犠牲」として、すべての国民がひとしく受忍しなければならない……

（厚生大臣の私的諮問機関「原爆被爆者対策基本問題懇談会」答申、一九八〇年一二月）

＊　＊　＊

右の引用部分につづけて答申は、しかし原爆被害だけは「他の戦争損害と一線を画すべき特殊性を有する」として、放射線の傷害作用により健康障害を負った存命の「被爆者」のみは援護の対象になる、としている。

さてここで、答申の文言を入れ替え、「資源小国の日本がエネルギー自立を果たし、国の経済発展と国民の豊かな暮らしの実現に原子力発電は不可欠だった」という論理を当てはめたらどうなるだろうか。

三・一一の原発震災が起こったあと、原子力発電（核の「平和利用」）を強力に推し進めてきた国といわゆる「原子力ムラ」の住民たちがこの論理を振りかざして放射能汚染被害に対する「受忍論」を展開してこないか、危惧したことを覚えている。一部にはその向きがありつつも、国の方針としてそうした論理があからさまに振りかざされはしなかったが、その後の原子力損害賠償支援機構の巨額の交付国債による東電救済や事故処理費用を託送料に上乗せする政策を見ていると、根底にないともいいきれない気がする。

この国は「唯一の被爆国」として原爆被害を象徴的に悼みながら、他方で原発推進を図るという両者の切り離しに「成功」してきた稀有な国である。「被爆者」は、原爆放射線の影響を計る上で距離・時間・病名等によって徹底的に類型化され、被害の全体像は未解明のまま、分断的に補償・救済された。故にそこから漏れ落ちた人々の被爆の認定をめぐる係争が戦後七二年の今なお続いている。

被害の全体像から一角を切り出し、分断的に補償・救済しようとする手法は、他の公害でも繰り返されたある意味でこの国の常套手段であるが、それは被害の全体像を見えにくくするだけでなく、補償の格差を生み出し、家族・地域社会などの共同体・コミュニティの人間関係に深刻な亀裂を生み、破壊する。

残念ながら、すでに避難にともなう生活・財産の被害補償において膨大な格差がもたらされるなど、原爆被害に持ち込まれた分断や線引きなどの問題構造が福島第一原発事故にまでオーバーラップする情況が生じている。原爆被害を含む空襲被害者が辛酸をなめてきた戦後七〇年余の苦渋の時間を繰り返さないためにも、ここで悪循環を断ち切らなければならない。

（二〇一七年一二月一一日）

鈴木邦男

と、少しかん高いシンの声がした。

「なあ、わしらカジカの沢のもんは、よっぽど心がけがいいんだね。畠も家も、みんな無事だったもね」

「そだこと言うな」

低い声で、誰かが突つく。

「だって、そうだべさ。太陽さんはちゃんと見てござるもんね。心がけのいいもんは助かるよ。……」


（三浦綾子『泥流地帯』新潮文庫）

＊　＊　＊

大正一五年五月、十勝岳大噴火。家も人も泥流で押し流される。嘆き、悲しみ、逃げ、そして他の人々の救助活動に必死になる。しかし、少し経つと忘れ、「原因」を考え、こんなことを言う人間も出る。人々の幸せを願い祈っている宗教団体でも、こんな放言をする人がいた。「電車に乗ろうとして急いでいたが間に合わなかった、がっかりしてたら、その電車は事故にあい多くの人が亡くなった。私は信仰をしてたので助かった」。でもこれは間違っている。自分が犠牲になっても他の人々を救いたい。そう考えるのが信仰を持つ人ではないのか。信仰という正義があることで、時として人は傲慢になり、残酷になる。これは愛国心と似ている。傲慢になり、過激になり、排外主義になることがある。

『泥流地帯』でも主人公の耕作は、「心がけ」と言ったシンの言葉に反発する。小説ではこう続く。

〈(そうだろうか)非情なシンの言葉に、耕作は歩みをゆるめた。死んだ者が、生き残った者より罪が深かったと言えるのだろうか。生き残った者が、シンのように傲慢な口をきいていいものなのだろうか。〉そして死んだ人々の顔を思い浮かべる。みんないい人間だった。〈みな親切な人間だった。残った自分が一番不親切なように思う。〉

僕は右派の運動を長い間やってきた。多くの人が死んだ。優秀で、いい人間から死んでいったような気がする。出来の悪い、不真面目な自分がなぜ生きているんだろうと耕作のように思う。

東日本大震災の時も、「これは天罰だ」と言った人がいた。「東京でなく、東北でよかった」と言った人もいた。共に政治家だ。僕は仙台の高校を卒業した。震災に巻き込まれ、家族が亡くなり、家を失った人もいる。又、東北がどれだけ日本を支え、犠牲になってきたかも知った。東北人であることを強く自覚し、誇りも持った。したり顔の分析や原因探しはいらないと思った。

(二〇一七年一二月一一日)

安否を確認した百七十名のうち、「長年神を信じてきたのに、どうしてこんな目に遭わされるのか」と言った人はひとりもいなかった。むしろみなが異口同音に「神様はこんなふうにして守ってくださった」「神様の恵みでこうしています」〔中略〕と言ったことこそ、本当の奇跡ではないかと佐藤牧師は思った。

（結城絵美子『倒れても滅びず――奪われた生活、奪われなかった希望』二〇一五年刊、いのちのことば社フォレストブックス）

三宮麻由子

＊　＊　＊

福島第一原発から約五キロのところにある福島第一聖書バプテスト教会。佐藤彰牧師は、震災発生直後から散り散りになった信徒たちや関係者を探し、呼び集めた。そして、会津、米沢を経て、奥多摩の宿泊施設における一年間の避難生活の後、福島県いわき市に教会を再建するという、旧約聖書の「出エジプト記」張りの転回を成し遂げた。

すべてを失っての生活建て直しと心の立ち直りは、筆舌に尽くせない労苦であると思う。私は四歳のときに一日で失明し、ゼロから「立て直す」経験をした。喪失と復権の大変さは、違う角度ながら実感できる。

被災者たちは、その瞬間まで普通に暮らしていた。たまたま災害に遭って「数奇な運命」をたどることになっただけである。助ける側にいる人も、いつ同じ災厄に見舞われてもおかしくないのだ。

苦しむ人に寄り添い、苦難は神の恵みだと諭す人がいる。励ましたい気持ちは分かる。だが、苦難が恵みか試練かは当事者が最終的に感じることであって、他人が決められることではないと思う。試練から立ち直れた人は「恵みだった」と言えても、克服途上にある人は苦しいままなのだ。克服中に本当に必要な助けは、諭しよりも慰めよりも、静かに共にいてもらえることである。

被災者の方も同じではないだろうか……。被災地に寄付するダウンコートを家族で運んだり、会社で催されるチャリティに参加したりしながら、私はそんなことを考えた。

ただ私は、それでも未来を信じて進もうとするなら、試練は恵みとして作用する可能性を持つと思っている。震災が終わったかのように見え、「まだ震災やっているの」など悲しい言葉も聞かれるといういま、克服途上の方はある意味で当時より苦しいかもしれない。

でも、忘れずにいよう。歩みを続けていれば、必ず道は開けることを。試練を恵みに変えられることを。生まれたら誰でも、種類は違えど何かしらの十字架を負わされて歩んでいると思う。私は、歩み続ける人はいつか「約束の地」に行き着けると信じている。佐藤牧師も、おそらく信徒の方たちも、そうだったのではあるまいか。

（二〇一八年一月一一日）

寺澤尚晃

津波で、家も友達も流れちゃった。全部昔のまんまに戻すことはできないけれど、少しずつ新しいつながりができてきた。

（岩手県陸前高田市の女性）

＊　＊　＊

『朝日新聞』岩手版で「3・11　その時　そして」という連載を続けている。「三月一一日、午後二時四六分、みんなは、何をしていたのだろう。それから、どう生きているのだろう」。震災一カ月の二〇一一年四月一一日付紙面で、こう記して始まった連載は、これまで一度も休むことなく続いている。二〇一八年一月一一日付で、連載は二四〇一回を数えた。

冒頭の言葉は、最近「その時　そして」の連載で取材した人の言葉だ。彼女は津波で自宅が流され、趣味の大正琴サークルの友人も亡くした。かつてのご近所さんとは違う世帯が隣り合う仮設住宅は、四年住んでもなかなかなじめなかった。仮設の薄い壁では、大正琴を思い切り演奏することもできなかった。何より、亡くなった友はかえってこない。

それでも様々な人の支えで少しずつ歩んできた。

震災から半年ほどして、彼女らの元に、全国の大正琴愛好者から、新品が送られてきた。「もう楽しむことはない」と思っていたが、仲間とサークル活動を再開させた。今では県外へも出かけ、みんなで演奏旅行に行く。

二年ほど前に入居した災害公営住宅で、新しい「ご近所さん」との生活も始まった。知らない隣同士を結ぶために、彼女は自治会の婦人部長になってお茶会や食事会などの催しを率先して開催した。みんなの名前が覚えられるように名札をつくった。集合住宅だと閉じこもってしまう人もいる。特に独居男性に多いという。「そんな男性を引っ張り出すには、やっぱり胃袋」。一人ではなかなか作らないカレーライスなどを大鍋で作り、みんなで食べる。若い女性が連れてくる赤ちゃんは、みんなのアイドルだ。住宅の集会所には、穏やかな時間が流れている。

一方で、震災からまもなく七年になるというのに、いまだに仮設住宅での生活を余儀なくされている人もいる。被災者すべての人が穏やかな時間を取り戻すのは、いつなのか。みんなの「その時　そして」を聞いてみたい。

（二〇一八年一月一一日）

＊「その時　そして」はウェブサイトでも読むことができます。http://www.asahi.com/area/iwate/articles/list0300127.html

毬谷友子

わたしたちが中継した生命は地球最後の日までたしかに続いてゆく。つまりわたしたちは、生命の永遠の連続の、とある中継点で生きているのである。わたしたちはこれまでの生命の連続のすべてをぐっと引き受け、できればその連続になにかましなことを一つ二つ付け加えて、あとはすべてを後世に託する。

（井上ひさしの言葉「井上ひさし bot@inouehisashi」二〇一七年一一月九日）

＊　＊　＊

３・11からもうすぐ七年。毎日のように世界中から飛び込んで来る、新しい悲しいニュースの中で３・11がもたらした現実が人々の記憶から、ほとんど忘れ去られて来ていることに心細くなる時があります。

「あの日の前日までが、本当の人生だった。」

「今の人生は、何かの間違いとしよう。」

……止まったままの時計を抱えて生きている人たちが、今、どれだけいることだろう。

忘れられない映像がある。

震災から数日後、遠くまで続く瓦礫の山の中、ご自宅があったであろう場所で私財の整理をしていた初老の男性にテレビのレポーターがこう言った。

「あ、仏壇！　出てきましたよ！」

「捨てちゃって。そんなもん。」仏壇を見ることもなく、感情を荒げるでもなく彼は黙々と片付けを続けていた。

「神様。いくらなんでも、これはちょっとやりすぎじゃありませんか？」

当時の私は何回も天に向かってつぶやいていた。ミュージカル「屋根の上のバイオリン弾き」の主人公テヴィエのように。

今なお、仮設住宅で人生を送っている人たちがたくさんいる。

彼らは毎朝、どんな気持ちで目覚めているのだろう。どんな気持ちで晩御飯を食べているのだろう。

とりわけ、自然豊かな福島の地で、毎晩笑い声に包まれながら家族で食卓を囲んでいた人たちのことを思うとどうにもこうにもやりきれないのです。

目に見えないだけで、Ｆ１（福島第一原発）はなにひとつ収束していない。今、この瞬間も汚染水は海に流され続けている。

とうの昔に耐用年数を終えたフレコンバッグが山積みにされた家の前では、破れた穴から草が生えている。

何も知らない草は、その土に根を張り太陽に向かって伸びている。

やがて実を結び、どこか知らない場所に運ばれて行くのだろう。

青い海の中で、魚や貝はどんな子供を産んでいるのだろう。

人間のいない森で駆け回る鳥や獣や虫たち。


人間の脳には、「正常性バイアス」という機能がある。

自分にとって不都合な情報を無視する。見たくないものは見えない。信じたくないものは信じられない。

災害の記憶は風化し「まだ大丈夫だろう」という楽観に流していくそうだ。

忘れていいのなら忘れたい。知らないですむのなら知らない方がよかった。

それでも、不運なことに私たちは、この3・11が地球で起きた時代を生きる人間となってしまった。


忘れてはいけない。

勇気を出して伝えることも続けなければならない。

声を上げる術もなく人生を奪われてしまったたくさんの方たち、声無き小さな命たちのために……。

それが、次の世代へと青い星を引き渡す、せめてもの私たちの使命ではないかと、この言葉に励まされながら思うのです。

「この青い星を生きのびさせるために人間のまことを尽くした人たち、そしてその立場に立ってものを書き続けた人たち、そういう人たちの言説が百年後の古典になるだろうこと、これだけは間違いない。」(「井上ひさしbot@inouehisashi」二〇一七年一〇月二〇日)

(二〇一八年一月一一日)

熊谷晋一郎

痛みが静かな悲しみに変わるには、数え切れないくらい同じ話を誰かに聞いてもらわないといけないですね。

（上岡陽江・大嶋栄子『その後の不自由――「嵐」のあとを生きる人たち』医学書院）

＊　＊　＊

薬物依存症からの回復をめざす自助的な施設である「ダルク女性ハウス」の代表、上岡陽江《はるえ》の言葉である。よく知られている事実だが、依存症者の多くは虐待などによるトラウマを抱えていることが多い。連想を引き起こすような刺激や、疲労や眠たさなど、ふとしたことがきっかけとなって、生々しい記憶が蘇り、痛みを伴う感情や思考に支配される日常を、彼女たちは過ごしている。そして、その痛みを紛らわすための自己治療として依存物質を使ってきたのだ。

しかし依存行動は、過去を振り返るのではなく、意識に上らないよう過去を切断する場当たり的な対処法である。やがて切断の薬効が薄れていくだけでなく、過去から学んで安全な生活を再構築することもできず、再び同じような傷を積み重ねることになる。

痛みを伴う過去は、共感してくれる他者と分かち合うことで、切断することなく静かな悲しみに変わっていく。しかし、自分の傷を他者と分かち合うためには、他者への信頼が先行しなくてはならない。他者関係における傷を抱えた彼女たちにとって、信頼して他者に心を開くことは簡単ではない。弱みを握られることでまた支配されてしまうのではないか、アドバイスされたらそれに従わなくてはならないのではないか、いつまでも同じ話をしていると嫌がられ、「過去を振り返らずに未来に目を向けよう」とはげまされてしまうのではないかなど、疑心暗鬼に飲み込まれる。何度も同じ話を聞いてもらえたという経験が砂のように降り積もって、長い時間をかけてようやく癒えていく長い道のりがあるのだ。

人は誰しも、自分の人生に一貫した秩序や物語を期待して生きている。トラウマは、そうした秩序や物語を打ち砕く、予想もしない出来事の記憶である。震災もまた、多くの人々のささやかな日々の秩序と物語を打ち砕いた。そこからの復興は、あの日を切断して、未来のみを見つめることでは、おそらくない。数え切れないくらい何度も、誰とでも、語り継いでいくことなのだ。

（二〇一八年二月一一日）

坂上　香

沈黙とは、まだ発話されていないこと、言葉にならないこと、抑圧されていること、消されたこと、聞き入れられていないことが漂う海である。

（Rebecca Solnit, *The Mother of All Questions*, 2017）

＊　＊　＊

あの日、大きな揺れを感じたのは、霞が関にある法務省の会議室でのことだった。国内の刑務所をドキュメンタリー映画化したいと、幹部らを前にプレゼンの最中だった私は、しばらく別室で待機となった。その時、テレビモニターを通して、津波に町の全てが飲み込まれていく生々しい映像を見たことを、鮮明に覚えている。

その三年後、ようやく取材許可が下り、ある男性刑務所で撮影を始めた。「治療共同体」と呼ばれるプログラムが導入され、受刑者同士が語り合うことで問題行動を変容させようとする国内唯一の刑務所である。そこでの二年間の取材中に、東日本大震災で被災した後、罪を犯した受刑者に二名出会った。やっぱり、と思った。

というのも、米国の刑務所ではロサンゼルス地震や自然災害で深いトラウマを負った受刑者に、国内でも阪神・淡路大震災を機に、薬物やアルコール依存症になった人たちに出会っていたからだ。

前述の二人に共通していたのは、被災体験には蓋《ふた》をしてきたことだった。たとえばその一人は、いつもは荒々しく雄弁だったが、話が被災関連に及ぶと極端に口数が少なくなった。もう一人は、二つの大震災を別の土地で体験していた。普段にこやかな彼は、震災の話になると決まって表情が沈み、「そこのところだけ記憶がないんです」と口ごもった。

治療共同体のプログラムで受刑者から様々な質問が投げかけられる中、二人が震災以降、強い無力感や虚無感に苛まれてきたことも明らかになっていった。ある時、前者が消え入るようなか細い声で、震災から三年以上経った今も、親族の遺体を目にした時の夢を見続けていると言った。そして後者は、消えたはずの最初の震災の記憶が二度目の震災で蘇り、それに無理矢理蓋をしようとしてきたのかもしれないと言った。

もちろん、彼らの問題行動には、被災体験だけではなく、それ以前の生育環境や他の要因が関係している。被災者が皆依存症になるわけでも、犯罪に走るわけでもない。また、受刑者に被災体験があるからといって、それ自体が犯罪にどの程度影響しているのかはわからない。

「被災者」から、私たちは何を連想するだろうか。ヒーロー(頑張る人)もしくは被害者(可哀想な人)を思い浮かべはしないか？　誤解を恐れずに言えば、実際はそのいずれでもなく、沈黙の中に身を置いている人が多数だと思う。沈黙にも様々な種類や意味があるが、えてして孤立を生みやすく、前述の二人のように問題行動へと駆り立てることもある。だからこそ、彼らの声が聞き入れられる（沈黙から解放される）場を、この社会にもっと作る必要がある。そのことを念頭に置いて、映画の編集作業に取り組んでいる。

（二〇一八年二月一一日）

四元康祐

東海《ひんがす》の小島《こずま》の磯《えそ》の砂《すか》っぱで
おらァ　泣《な》ぎざぐって
蟹《がに》ど　戯《ざ》れっこしたぁ

（新井高子編著『東北おんば訳　石川啄木のうた』未來社）

＊
＊
＊

元歌は石川啄木の代表作、「東海の小島の磯の白砂に／われ泣きぬれて／蟹とたはむる」。これを彼の故郷の言葉に訳すとどうなるか——。訳したのは大船渡に住む「おんば」（おばさん、おばあさん）たち。仕掛けたのは詩人の新井高子。長く彼女自身の郷里桐生の方言で、絹を紡ぐ女たちの詩を書いてきた人だ。震災三年後から仮設住宅の集会室に通い始め、みんなでワイワイガヤガヤ、二年がかりで百首を訳した。おんばたちの話し言葉はセケン語と呼ばれる。盛岡生まれの啄木が話した言葉と異なるが、おんばたちの声は啄木の「短歌の心をつかまえている」。

余計な解釈を加えない「直訳」である。けれどもあの惨事をくぐり抜け、今もその地で暮らす人々の口に寄せられた言葉だと知った途端、この「磯《えそ》」にあの津波が打ち寄せてくる。泣きぬれる「われ」が、瓦礫に立ち竦む被災者に乗り移る。砂を這う蟹《がに》の向こうには、溶解する原子炉から立ち上る煙さえ見えるかのようだ。

僕は日本を離れて三十年、あの震災も地球の裏側から見守るばかりだった。無数の映像に喰入り、貪るように記事を読んだが、対岸の火事であることに変わりなかった。だがこのおんば訳を読んだ時、初めて、僕は被災した人の心に触れたと思った。おんばたちの声に魂を攫われて、現場へと連れてゆかれた。もう二度と、僕は啄木のこの歌を、3・11から離れて味わうことはできないだろう。

砂《すな》っこの山裾《やますそ》さ転《ころ》がった　流《なが》れ木《ぎ》さ
あだりほどり見回《みまあ》して
ものっこ語《かだ》ってみんべ
元歌：砂山の裾によこたはる流木に／あたり見まはし／物言ひてみる

翻訳とは不思議なものだ。他人の言葉を取り入れて、自分の口から吐き出す。そこにどんな私情も交えまいとしても、何かが滲み出てしまう。自分には見えない自分の背中を映し出し、時に言うに言われぬ思いを伝える。言い直すという行為には、詩の本質的な働きが宿っているに違いない。

海の底の烈しい震えが、巨大な波と化して内陸まで伝わったように、心の深部のエネルギーが言葉の波に運ばれて、時空を隔てた見ず知らずの心へ届く。生き延びたおんばたちの声が、啄木の歌を経て、僕を泣かせ、かと思えば笑わせる。その束の間、僕らは死と生の境を超えて、ひとすじの命の流れに連なっている。

なみだァ　なみだァ
不思議《おがす》もんだなぁ
そんで洗《あ》れァば　戯《おだ》づだぐなるなぁ

（二〇一八年二月一一日）

執筆者紹介

武田真一(たけだ しんいち)
1959年生まれ．河北新報社防災・教育室長

沼野恭子(ぬまの きょうこ)
1957年生まれ．ロシア文学

長谷川公一(はせがわ こういち)
1954年生まれ．環境社会学者

阿古智子(あこ ともこ)
1971年生まれ．現代中国研究者

荒このみ(あら このみ)
1946年生まれ．アメリカ文学研究者

小森はるか(こもり はるか)
1989年生まれ．映像作家

新井 卓(あらい たかし)
1978年生まれ．写真家，美術家

粟津ケン(あわづ けん)
1960年生まれ．KEN主宰

八木啓代(やぎ のぶよ)
1962年生まれ．歌手，作家

玄田有史(げんだ ゆうじ)
1964年生まれ．経済学者

中村 純(なかむら じゅん)
1970年生まれ．詩人，編集者

松田洋介(まつだ ようすけ)
1975年生まれ．教育社会学者

栗木京子(くりき きょうこ)
1954年生まれ．歌人

小寺隆幸(こでら たかゆき)
1951年生まれ．数学教育研究者，チェルノブイリ子ども基金共同代表

三島憲一(みしま けんいち)
1942年生まれ．現代思想研究者

小谷みどり(こたに みどり)
1969年生まれ．死生学研究者

佐藤泉(さとう いずみ)
1963年生まれ．日本文学研究者

増田ユリヤ(ますだ ゆりや)
1964年生まれ．ジャーナリスト

鬼頭秀一(きとう しゅういち)
1951年生まれ．環境倫理学者

桑原史成(くわばら しせい)
1936年生まれ．写真家

森田裕美(もりた ひろみ)
1973年生まれ，新聞記者

石川 梵(いしかわ ぼん)
1960年生まれ．写真家，映画監督

米山リサ(よねやま りさ)
1959年生まれ．文化人類学者，文化研究者

森達也(もり たつや)
1956年生まれ．映画監督，作家

大口玲子(おおぐち りょうこ)
1969年生まれ．歌人

実川悠太(じつかわ ゆうた)
1954年生まれ．水俣フォーラム

山本宗補(やまもと むねすけ)
1953年生まれ．フォトジャーナリスト

尾崎寛直(おざき ひろなお)
1975年生まれ．環境政策・社会政策学者

青木 理(あおき おさむ)
1966年生まれ．ジャーナリスト

鈴木邦男(すずき くにお)
1943年生まれ．政治活動家

三宮麻由子(さんのみや まゆこ)
1966年生まれ．エッセイスト

寺澤尚晃(てらさわ なおあき)
1970年生まれ．新聞記者

毬谷友子(まりや ともこ)
1960年生まれ．女優

熊谷晋一郎(くまがや しんいちろう)
1977年生まれ．当事者研究，小児科学

坂上 香(さかがみ かおり)
1965年生まれ．ドキュメンタリー映画監督

四元康祐(よつもと やすひろ)
1959年生まれ．詩人

連載「3.11を心に刻んで」は弊社ホームページに掲載されています．
(http://www.iwanami.co.jp/311/)

II

復幸の設計図

河北新報社

東日本大震災で壊滅的な被害を受けた宮城県女川町《おながわちょう》は，独自の手法でゼロから町を築いてきた．中心部の商店街には起業した人々が定着し，多くの交流人口を呼び込む．それを可能にしたのは何か．公民が手を携えたまちづくりの歩みを検証する．小さな港町の希有な挑戦と教訓を「未災地」に伝えたい．（敬称略．写真は特別の記載がない場合は河北新報社撮影）

「河北新報」は，東日本大震災の被災地と被災者に寄り添い，復旧・復興や生活再建の歩みを伝え続けています．被災地では震災から7年，新たな日常が時間を刻んでいます．女川町の復興を追った「河北新報」の連載「復幸の設計図」の縮約版と，担当記者による書き下ろし「7年目の冬に」を掲載します．

萌芽

危機感

女川町商工会長の高橋正典(六六歳)は二〇一一年三月一一日、出張先のミャンマーで震災の発生を知った。衛星放送では仙台空港に津波が押し寄せる映像が映し出されている。会社に電話をかけても通じない。丸一日テレビにかじりつき、家族や従業員、町民らの無事を願った。「生きていてくれ」。飛行機を乗り継いで女川に帰ったのは震災から三日後、一四日の深夜。見慣れた景色は、がれきの山と化していた。

女川湾に面する人口約一万人の港町を濁流がのみ込んだ。最大津波高は一四・八メートル、遡上高は三四・七メートル。人口の八・二六%にあたる八二七人が死亡・行方不明になった。人口に占める犠牲者の割合は被災自治体の中で最も高い。全壊・大規模半壊の住家は六九・七%に上り、町中心部は壊滅状態となった。

町に戻った高橋は、町観光協会長だった鈴木敬幸(二〇一七年六月死去)と共に町災害対策本部に出席するようになった。刻一刻と変わる状況への対応に追われる町職員。会議は町民の安否情報や救援物資の受け入れ状況などを伝えるのに終始した。

　被害の大きさを鑑みれば、当然のことではあるが、高橋と鈴木の二人は危機感を募らせた。事業の再開が遅れれば、得意先や従業員を失いかねない。時間の経過に比例して再起困難になるのではないか――。

「自分たちのことは自分たちでやらなければいけない。民間事業者の再生と、将来のまちづくりを考える組織が必要だ」。復興を推し進める新しい組織を発足させよう。二人は震災から約一週間後、そんな方針を打ち出して言った。

「生き残った者を集めてこい」

　二人の指示を受け、町商工会の青山貴博（四四歳）と新聞販売店店主の阿部喜英（四八歳）は避難所などを回り、町の将来を案じる事業者らをかき集めた。

　四月一、二の両日、商工業や水産業に従事する事業者らは高台にある女川第一中学校の図書室に集まった。「われわれが自力で復興を目指すべきだ」。そう確認し合った。

　そして四月一九日。商工会、観光協会、魚市場買受人協同組合など町の産業を支える団体が業種の垣根を越えて手を組んだ女川町復興連絡協議会（ＦＲＫ）が発足する。

　がれきが残る町で、高橋と鈴木の危機感から生まれたＦＲＫは新たな町を開く萌芽となった。

若者たち

　東日本大震災から一カ月余りたった二〇一一

津波で壊滅状態となった女川町中心部(2011年3月13日)

年四月一九日、女川町内に立つプレハブの会議室には約七〇人が集まった。民間団体による女川町復興連絡協議会(ＦＲＫ)の設立総会。商工会長の高橋正典は出席者を前にこう切り出した。「これからのまちづくりは三〇代、四〇代の若者に託す。還暦以上は口出しするな」。同席した観光協会長だった鈴木敬幸(故人)も同じ思いだった。当時、高橋は六〇歳、鈴木は五九歳。町の産業界を束ね、民間による復興を打ち出した二人は第一線から退く覚悟を示したのだ。

突然の「世代交代宣言」に若者たちは戸惑った。腰を据えてまちづくりに取り組んだ経験はない。動揺する若手に高橋は続けた。「若者の新しい考えで町をつくってほしい。それは君たちのためであり、将来の子どもたちのためだ。困った時には年長者が弾よけになる。全面的に協力する。やりたいようにやってほしい」

長年にわたり産業界を支えてきた他の重鎮ら

も異論はなかった。壊滅状態になった町の復興には一〇年、二〇年の長い年月が要る。それは誰の目にも明らかだったからだ。

大先輩らの後押しを受けた若者たちは手探りで、しかし猛スピードで、復興への道を走り始めた。

ＦＲＫの活動拠点は二階建てのプレハブだ。一階には商工会、観光協会、魚市場買受人協同組合、水産加工業協同組合の四団体が肩を寄せ合うように同居していた。震災前、イベント運営などで協力し合うことはあったが、詳細な業務内容は互いに知らない。狭いプレハブでは、それぞれのやりとりが筒抜けだ。

復興のキーマンの一人、町商工会の青山貴博は当時を振り返って言う。「団体の垣根を越えて、一つの組織体として機能するようになった。狭いプレハブで約一年間を一緒に過ごしたことで、事象に応じて適任者を選び、みんなが勝手に協力していく今の女川の形ができた」

ＦＲＫは高橋を会長に据え、まちづくりや水産、商業などの分野別に五つの委員会を設けた。顧問には各団体のトップらが名を連ねる。

当時県議だった須田善明（四五歳）も顧問としてＦＲＫに参画した。まだ三八歳だった須田は、復興の中核を担う同世代と意見を交わしながら、町の将来像を思い描いていた。

そして須田は二〇一一年一一月、震災直後の混乱を乗り越えた六六歳の安住宣孝から、無投票で町長の椅子を引き継ぐ。世代交代が町の復興を推し進める原動力となった。

二つの計画

東日本大震災からの復興を目指して発足した民間による女川町復興連絡協議会（ＦＲＫ）はまちづくりの一翼を担うことになる。

女川出身で、後にＦＲＫ戦略室長に就いた黄

産業の再生を軸とした復興計画を須田町長(左)に渡す高橋会長(2012年1月)

川田喜蔵は震災直後の三月下旬、すでに全六章から成る「女川町復旧復興プログラム起案」と題した町の未来図を描いていた。

そこには、町の復興計画に住民参加の道筋をつける案などが記されていた。ＦＲＫの若手で、新聞販売店店主の阿部喜英や町商工会の青山貴博らがこの起案をたたき台にまちづくり策を練った。

ＦＲＫは二〇一一年一一月、「町復興計画の基本理念」を打ち出す。一〇〇年後を見据えたコンセプトは「人々が住み残る、住み戻る、住み来る町」。そんな町をどう築くのか。盛り込まれた内容はソフト面が主眼となった。

中心街区については、町が土地を買い上げるなどして管理する。そこに建てる施設は商工業者によるまちづくり法人が運営を担う。そんな公設民営方式を導入する。観光・商工・水産業が連携し、相乗効果を生み出すシステムを取り入れる――。こうした案を盛り込んだ計画をＦＲＫは二〇一二年一月、町と町議会に提示した。

基本理念を練った青山は必死だった。町の施策に自分たちの考えを反映させるには議会の議決が必要だ。「一度否決されたら、再び議会の組上に上がるのは難しい。それが分かっていたから、懸命に説明した」

一方で、町は復興計画の策定を急いだ。町は二〇一一年四月に復興対策室を設置し、五月には有識者らによる復興計画策定委員会を発足させて「新しい女川」の設計図を描く。

九月にできた町復興計画は、復興期間を二〇一八年度までの八年間と設定。町中心部の土地利用ゾーニングや離半島部の高台移転など、それは主に復興のハード面が中心であった。

ソフトとハード。民と公が作り上げた二つの復興計画を携え、女川は一歩を踏み出す。行政と産業界、議会、町民が一体となった「四輪駆動」で、復興への坂を上り始めた。

「民設民営」

東日本大震災でダメージを受けた女川町で、女川町復興連絡協議会(ＦＲＫ)は復興計画を練る傍ら、町の再生を見据えて策を考えた。

二〇一一年五月四日、ゴールデンウィークに女川高校グラウンドで開いた「復幸市」は、商業再生の第一歩となった。仕掛け人の一人が、新聞販売店店主でＦＲＫまちづくり創造委員長の阿部喜英。四月上旬から、町商工会の青山貴博と共に構想を練っていた。

復幸市のルールは「原則無料配布はしない」。震災からまだ二カ月足らず。全国から多くの支援物資が寄せられていた。そんな中で、阿部は「客からお金をいただくのだから、それなりの商品をそろえてほしい」と出店者らに要請した。

事業者らは、約二カ月ぶりの仕事に心が躍った。塩竈までマグロの買い付けに出向いた者もいた。

町外の事業者の協力も得て復幸市は盛況を呈して幕を閉じる。この復幸市を契機として、飲食店などの事業者らが顔を合わせる場が増えた。「店を早く再開したい」。そんな声に応えようと、仮設商店街を整備する動きが本格化した。

しかし、用地確保の壁が待ち受けていた。中小企業基盤整備機構の支援を活用して仮設商店

「民設民営」で整備したコンテナ村商店街(2015年6月，宮城県女川町提供)

街を構えるには、建築基準法などをクリアできる広さの土地が必要だった。牡鹿《おしか》半島の付け根に位置する女川町は元々、平地が少ない。被災を免れた比較的広い土地は、仮設住宅の建設などに充てられていた。阿部らは要件に見合う土地を探し、中小機構に支援を申し入れた。しかし、思いはかなわなかった。「現地を見た担当者に「この場所は規格に合わない」と一蹴された」と阿部は当時を振り返る。

ではどうするか。模索していた時に、手を差し伸べてくれたのが国際ＮＧＯ「難民を助ける会」だった。町を通してコンテナ一〇棟を譲ってくれるという。コンテナで自分たちで商店街をつくったらどうか。既存の制度の枠で無理ならば、自分たちでやるしかない。二〇一一年六月中旬にコンテナを町中心部に搬入し、七月一日には「民設民営」の仮設商店街が開業する。「コンテナ村商店街」には生花店や飲食店など八店舗が軒を連ねた。商店街は以来、ＪＲ女川駅前のテナント型商店街「シーパルピア女川」の開業が一カ月後に迫る二〇一五年一一月まで営業を続けた。

八店舗は現在も町内で事業を継続する。うち五店舗はシーパルピアに新しい店を構えた。自ら道を切り開く――。コンテナ村商店街は、その後のまちづくりの思想の基盤となった。

（二〇一七年六月二五日、二六日、二七日、二八日「河北新報」掲載。以下も同紙）

再　生

所有と利用

民間事業者らによる女川町復興連絡協議会（ＦＲＫ）は、一〇〇年先を見据えた町のグランドデザインを示した。コンセプトは「住み残る、住み戻る、住み来る」だ。

提言として打ち出した一つが、中心街をまとめて公設民営の商業施設とする案だった。

町が中心街区の土地を買い上げるなどした上で、店舗や周辺の設備を建設する。そして経営や開発は、民主体の「まちづくり法人」が担う。所有と利用を分離することで、店舗の流動性を高めて、シャッター街化を防ぐ狙いがあった。

まちづくりの先駆者たちから指導を受けた「復興まちづくりブートキャンプ」(2012年7月，公民連携事業機構提供)

ＦＲＫメンバーで新聞販売店店主の阿部喜英（四九歳）は、震災直後から民間主体のエリアマネジメントの構想を温めていた。しかし、町に新たな仕組みを持ち込み、定着させる道のりは平たんではなかった。「まず、まちづくり会社とは何なのか。それを周囲に理解してもらうのが大変だった」と阿部は言う。

具体的な手だてを学ぶ場となったのが、現在の一般社団法人公民連携事業機構が二〇一二年に開いた「復興まちづくりブートキャンプ」。被災した市町の一部が参加し、公民連携での復興などを考えた。女川町からは町ににぎわいを取り戻そうとイベントを開催していた若手経済人と、町職員が名を連ねた。

ブートキャンプで講師を務めたのは、全国各地で地域の再生を手掛けてきた一般社団法人エリア・イノベーション・アライアンスの代表理事木下斉、岩手県紫波《しわ》町でまちづくり「オガールプロジェクト」を進めてきたＣＲＡ合同会社の代表社員岡崎正信ら。先駆者の実践を参考にしながら、阿部らはまちづくり会社の設立、経営スキルなどを吸収していく。

しかし、町中心部のほぼ全域が壊滅状態になった女川で、まちづくり会社は何をすればいいのか。参加者は考えあぐねていた。「土地が確保できないのは仕方がないけれど、それまで何もやらないのか」。講師陣に厳しく迫られ、阿部は「尻に火が付いた」と苦笑交じりに振り返る。

三カ月にわたるブートキャンプの最終クールを迎えた二〇一二年九月、水産加工業や飲食業といった多様な分野の若手六人が、女川町で「復幸まちづくり女川合同会社」を発足させた。

公民連携で町を「経営」する。そんな新たな視点に行政も可能性の芽を感じた。町長の須田善明（四五歳）は「まちづくりは終わりのないソフトの取り組みだと気付かされた。公と民が手を組むことで、さらに面白い町ができる」と確信したという。

町は二〇一四年四月、産業振興課内に公民連携室を新設。テナント型商業施設「シーパルピア女川」の開業に向け、庁内の調整や民間のサポートに当たった。

新たな商店街づくりを目指し、同じ「船」に乗った公民の関係者は手を取り合いながら、針路を模索していった。

循環と持続

東日本大震災で甚大な被害を受けた女川町で二〇一二年九月、新たなまちづくりを目指して誕生した「復幸まちづくり女川合同会社」。設立に加わった六人はいずれも被災事業者だ。

合同会社の資本金は、それぞれが小遣いの範囲で持ち寄った計三〇万円。町内の二団体と共同で間借りしたプレハブを拠点に、事業をスタートさせた。

〈津波被災は不幸な出来事でしたが、これを機に産業構造の転換を図り、次代の子供達へ負担をかけることのない持続可能な循環型まちづくりを行う〉。設立趣旨には、若き経済人たちの覚悟がにじむ。

基幹産業の水産業を活用して町を立て直すべく、事業の二本柱として「水産加工品のブランド化と販路拡大」と「水産業の体験プログラムの提供」を据えた。

被災地で動きだした新たな活動には多くの支援が寄せられた。

水産加工物などの特産品を販売し、水産業体験もできる拠点施設「あがいんステーション」はキリングループと日本財団の「復興応援キリン絆プロジェクト」の助成金を活用した。

事業の実動部隊となる人材も必要だった。宮城県の復興応援隊事業と、民間企業などの人材を被災地に派遣する「WORK　FOR　東北」事業により人材を確保した。

「外から人を呼び込んで「外貨」を獲得して域内経済を回し、自力で稼げる事業スキームをつくる」。代表社員の阿部喜英らが見据える先には、人口減少に耐えうる確かな地域の将来像が描かれていた。

阿部らは町などと連携した統一ブランド「あがいん　おながわ」を開発。二〇一五年のJR女川駅開業に合わせ、新しい土産物ブランド「碧《あを》のか」を発売した。

第一弾はホヤを使った加工品四種だ。まちづくり会社の業務執行役員に名を連ねる二社が商品を開発し、製造した。商品は町内のほか仙台駅構内などでも販売されている。

「女川の魅力的な資源と外部をつなぐ、地域商社のような役割を果たすことができたのではないか」と阿部は手応えを感じる。宮城県の復興応援隊事業は二〇一六年度で終了し、まちづくり会社は二〇一七年度、本格的に自走し始めた。

人や資本が循環する持続可能な町。拠点「あがいんステーション」で実践するまちづくり会社の理念は、二〇一五年一二月に開業した商業施設「シーパルピア女川」の運営会社にも引き継がれる。

「あがいん おながわ」の商品が並ぶ，あがいんステーションの店内

海の見える街

JR女川駅に降り立つと、商業エリアを貫くれんが道の先に穏やかな女川湾が見える。海と街を隔てる、無機質で巨大な防潮堤の姿は見当たらない。

「防潮堤がない」わけではない。女川町では防潮堤の背後地に約四メートルの盛り土を施し、造成した標高五メートル超の高台に商業施設などを配している。海との一体感を損なうことなく、数十年から百数十年に一度の高さ(レベル1)の津波に対応する安全性を確保した。

住居は、東日本大震災と同程度(レベル2)の津波でも浸水しないよう、造成した高台に移転している。

女川町は震災以前も幾度となく、津波の被害

JR 女川駅から延びるプロムナードの先には，青い海が見える

に見舞われてきた。「海が見えなくなるような防潮堤を海岸線域に張り巡らしても、津波の危険性は避けられないだろう」。前町長の安住宣孝（七二歳）は震災直後、将来の町の姿を思案した。町内の犠牲者は八二七人にも上る。どうすれば将来、忌まわしい津波から町民の命を守れるのか――。

「自宅に残ろうとする人たちは逃げ遅れてしまう。住宅地は、津波の被害が及ばない場所に整備しなければならない」「避難訓練をしても参加人数は限られる。有事の際に確実に避難できるようにするにはどうすればいいのか」

町の総面積は六五・八平方キロメートル。震災前はその八四％を山林が占め、宅地は二・八％で、わずかな平地に住宅が集まって市街地を形成していた。三陸特有のリアス海岸と山に取り囲まれた地形ゆえ、利用できる土地は限られている。

安住は人命第一の信念に基づき、将来像を思い描いた。「住宅は高台に移す。巨大防潮堤は造らず、海が見える街にしたい」。学識経験者や町の各種団体の代表者らで構成する復興計画策定委員会の答申を経て、二〇一一年九月に策定された町復興計画により、現在の町の礎が築かれた。

宅地造成のため切り土で生じた土を、防潮堤の背後地に運び込む。町中心部全体を盛り土し、標高五メートル超の高台に商店街をつくる。さらに山側も約一〇メートルの盛り土をして高台にする。その場所に住宅を整備する。

そうしてできた町中心部の商店街からは海が眺められ、休日には大勢の観光客や買い物客でにぎわっている。

柔軟に大胆に

二〇一一年一一月。無投票で女川町長の椅子に座ったばかりの須田善明は、机上に広げられた図面を前に考え込んでいた。九月に策定した町復興計画を基にコンサルタントらが作成した都市計画の資料だった。東日本大震災で被災し、ゼロから町をつくらなくてはならない。図案では、JR女川駅南側の町中心部近くにあり、硬い岩盤から成る堀切山が町を二分していた。

「震災前の女川は住宅が連なり、それが町民のつながりを強くしてきた。町が分断される構造はどうかと思う一方、復興に向けて半年以上積み上げてきたものを変えることにためらいもあった」。須田は当時の心境をそう打ち明ける。その夜のうちに担当職員らと意見を交わし、覚悟を決めた。

須田は翌日、コンサルタントらを呼び出して告げた。「一つだけ変えたい所がある。山を切ってほしい」

二〇一一年六月から町の復興事業に携わって

町を二分していた堀切山．現在も造成工事が進む

きた中央復建コンサルタンツ（大阪市）の末祐介（四三歳）らは驚いた。「本当にやるんですか、一〇年がかりの仕事になりますよ」。しかし、須田の決意は揺らがなかった。末らは約一週間で図面を引き直した。

　地形を一変させる決断の後も、町は計画を度々変更した。公共施設を集約したシビックコア、住宅地、商業施設などのにぎわい拠点をつなぐ「生活軸」を背骨に据え、コンパクトなまちづくりに行き着いた。末は「都市計画の大きな変更の連続は、技術者にとってクーデターのような衝撃。他の自治体でこんなに柔軟かつ大胆に変える例は聞いたことがない」と振り返る。

　ともすれば、自治体は国の制度やコンサルタントが敷いたレールにそのまま乗りがちだ。しかし、女川町は戦略的に制度を選んだ。時には「規格外」の手法も繰り出した。

　町中心部のほぼ全域を対象とした土地区画整理事業もその一つ。国の担当者はあまりにも広範囲だとして、事業適用には懸念を示した。広いほど住民合意のハードルが高くなり、事業が困難になる恐れがあるからだ。

それでも女川町は事業適用を訴えた。事業の対象範囲にある土地は、その範囲内で同等価値の土地と換地できる。範囲が狭ければ、地区をまたいで複数の土地を持つ地権者は、それぞれの範囲内の土地としか換地できない。町は、住民がばらばらに所有する複数の土地の集約を可能にしたかった。そのためには、事業の適用範囲が広い方がいい。「土地利用の効率が上がり、事業者の意欲も引き出せる」と須田は狙いを語る。

換地により商店街周辺の土地利用を促し、町は体系的ににぎわい拠点の表情を作り上げていく。

（八月九日、一〇日、一一日、一二日掲載）

共創

町民参加

「八月までに町の復興計画を作りたい」。二〇一一年三月の震災から約一カ月後、当時町長を務めていた安住宣孝（七二歳）は職員らにこう切り出した。

四月に発足した復興推進室長に任ぜられた柳

復興まちづくりの進行状況や方針を町が住民に説明して回った(2012年1月，宮城県女川町提供)

沼利明(五八歳)らは、計画策定委員の選定を急いだ。柳沼は「犠牲者への弔いとして新盆までに新しい町の形を示したかったのだろう」と安住の心中を推し量る。

五月には計画策定委員会が発足。目標の期限までわずか四カ月とスピードが求められたが、安住は自ら集落へ足を運び、住民への丁寧な説明を重視した。町は五月、七月に「公聴会」と称した住民説明会を計一〇回開き、時には町がバスを手配して住民参加を促した。

行政と住民が膝を突き合わせて話し合う公聴会では、被災した住民の行き場のない思いが噴出した。大きな論点の一つが、離半島部に点在する十数カ所の漁業集落の集約化だった。浜で長年漁業をなりわいとしてきた住民らが強く反発した。「隣の浜とは文化も生活リズムも違う」「自分の浜だから気力が湧くんだ」

しかし後日、離半島部の若者たちが柳沼を訪ねてきた。「おやじらの世代は反対しているけれど、俺たちは集約してほしいと思っている」「このままでは嫁も来ない」。柳沼は、浜の将来像を巡って家族間でも意見が割れる状況を知った。「どうすれば、それぞれの思いをうまくくみ取れるのだろう」。柳沼は無力感と悔しさを募らせながらも、解決策は住民と意見交換を重ねることだと自らに言い聞かせた。

町は結局、当初提示した案を取り下げ、各集落を高台移転する方向へかじを切ることになった。

二〇一一年八月の最終答申を経て町は九月に復興計画を策定した。一一月に町長の椅子が須田善明に引き継がれた後も、町長と住民の直接対話は続いた。

町民が避難生活を送る宮城県大崎市や仙台市などでも、まちづくりについての説明会を開いた。須田は「町民の思いを肌で受け止めてほしい」と、職員には必ず一度は説明会に足を運ぶよう呼び掛けた。

説明会では、復興事業の進行状況、生活再建に関わる制度のほか、盛り土の工法などに至るまで多岐にわたる情報を開示した。町長自らが考えを示し語り掛けることで、町民との意思疎通を図った。柳沼は「ベストを選び取るのは難しくても、ベターな選択を住民と一緒に探していくことならできる」と言う。解決の糸口をたぐり寄せるような小規模な説明会の積み重ねが、町の将来像を町民が広く共有することにつながった。

質とスピード

東日本大震災からの復旧・復興が進む女川町で、中央復建コンサルタンツ（大阪市）の末祐介（四三歳）は町の担当職員が漏らす不安の声を耳にしていた。「出来上がったまちは本当に後世に引き継げるものだろうか」

復興のスピードを落とさず、まちづくりの質を高めたい。そのために何をすればいいのか、担当者は頭を悩ませていた。復興まちづくりは、経験のない複数の大事業が同時に進行する。進行中の事業を別の事業とすり合わせようとする

模型を囲み，専門家や町職員らが意見を戦わせる復興まちづくりデザイン会議(2017年2月)

と新たな課題が持ち上がり、振り出しに戻ってしまう事態が起こっていた。

解決策として編み出された仕組みが、二〇一三年九月に正式発足した「復興まちづくりデザイン会議」だ。町長の須田善明、都市デザインの専門家、担当職員、工事関係者らが一堂に会し、町民らにも広く公開して議論した。

生煮えの課題が会議の俎上に載せられた。多角的な視点からベターな解を探り、方針は町長の須田がいる場で迅速に決める。そして次の課題を洗い出した。

専門家や技術者、担当職員らによる検討部会も設置し、技術的な課題や予算などを話し合った。

デザイン会議では、住民も自由に意見を述べることができた。住民の声と専門家の知見、事業を実施する町職員や工事関係者などの意見が対等に交わることで、課題解決の突破口に知恵を絞り、実現可能なまちの姿を描いた。

担当職員は「デザイン会議は復興のブレーキになりかねない取り組みだった」と打ち明ける。質を求めれば、長い時間を要するのが一般的だからだ。「しかし、時間を犠牲にせずに質を高めることができた。専門家が町民の声を取り入れ、実現可能なまちのデザインを会議や部会の場で描いてくれたおかげ」と語る。

町の至る場所から女川湾を望める「眺望軸」は、デザイン会議の成果の一つ。災害公営住宅の外構、土地区画整理道路の整備など異なる事業に「海の存在を最大限に生かす」という横串を刺すことで、それぞれの事業を調整した。女川湾の眺望を確保し、町の価値を引き出した。

デザイン会議委員長の東北大学災害科学国際研究所准教授の平野勝也(四九歳)は「女川で面白いまちづくりができているのは、民間の力があってこそだ」と言う。

デザイン会議委員の宇野健一(五九歳)、小野寺康(五五歳)らは会議の枠をはみ出し、店舗再建を図る店主らの相談に乗り、デザインや空間の利用法を助言した。店主らはアドバイスに応じ、自ら統一感ある開かれた街並みを創り出した。

「最速で、よいまちをつくろう」。住民や行政、専門家ら地域に思いを寄せる人々の熱意が呼応し、革新的なデザイン会議と実りある議論が実現した。

「質とスピードの両立」。それが絵空事でないことを女川は示している。

(一二月四日、七日掲載)

七年目の冬に——女川を見つめて

二〇一六年一二月に河北新報社石巻総局に赴任して以来、主に女川町の取材を担当している。

着任して間もなく、東日本大震災から現在までの町の歩みを知っておかなければと新聞販売店主の阿部喜英さんを訪ねた。

数時間に及ぶレクチャーは衝撃の連続だった。まちづくり会社によるエリアマネジメント、商業地の所有と利用の分離、補助金に依存せず自力で稼ぎ出す地域の循環の創出――。一民間事業者が復興のグランドデザインを一人称で話す。その後も多数の関係者に話を聞いて回ったが、やはり全員が町の復興を「自分ごと」として語るのだ。「女川の復興過程はただ事じゃない」と直感した。

一方で、怒濤の約七年間の記憶が少しずつ曖昧になりつつあることも分かった。さらに連載の取材に本腰を入れ始めた二〇一七年六月、観光協会長などを務めた復興のキーマン、鈴木敬幸さんの突然の訃報に接した。町の再生に奔走してきた関係者の足取りを記せる最後の機会は、まさに今なのかもしれない――。そんな思いに突き動かされ、連載企画「復幸の設計図　女川・公民連携の軌跡」を手掛けた。

この町は、国が用意した枠組みの中から安易に復興の方向性を選び取ることをしなかった。町民自らが町の将来像を考え抜き、その実現のため知恵を絞って汗をかく。大規模な盛り土による商業エリアの造成、大胆な換地設計、商業施設に震災後に創業した事業者の入居を可能にするための制度の利用など、どの局面においても「できるかできないかではなく、絶対にやり遂げるんだ」という覚悟を感じさせる。パブリックマインドを持った民間事業者と、民間の意向を尊重して柔軟な対応を試みる行政が手を携えながら、数々の難局を乗り越えてきた。

震災前に一万人だった人口は現在約六六〇〇人まで減り、高齢化率は三五%を超える。各地の地方自治体がそう遠くない将来直面するであろう課題に、この町は現在進行形で向き合っている。女川の挑戦は震災復興の枠にとどまらず、「縮退時代」を生き抜かなければならない全国の地方自治体にとって重要な先行事例となるはずだ。

女川町では震災で八二七人が死亡・行方不明となった。迫り来る津波から必死に逃れ、九死に一生を得た人もいる。何もかもを奪われた女川の住民たちは、なぜこれほど力強く立ち上がることができたのだろうか。復興の先頭に立ってきた人たちは「動ける人から動き始めただけ」と事もなげに言う。

「あの日」から一歩を踏み出すタイミングは人それぞれだ。普段は気丈に振る舞っていても、ふとした瞬間に気持ちが沈むこともあると、ある町民は打ち明けた。その違いを当然のものとして受け止め、それでも犠牲者への思いを胸に自らを奮い立たせて走り続ける人たちがいる。「生かされたんだから、頑張らなくちゃ」と。

町は二〇一八年度、復興計画期間における本格復興期の最終年度を迎える。ハード面の整備は着々と進むが、町民一人一人がそれぞれの幸せを取り戻すにはまだ時間が必要なのかもしれない。全員が「復幸」を成し遂げるその日まで、彼らの息遣いを伝え続けたい。それが被災地の記者の使命だと信じている。

河北新報社石巻総局・関根梢

河北新報社

東北6県を発行区域とする地域ブロック紙．1897年創刊．本社は宮城県仙台市．「不羈独立，東北振興」を社是とする．連載企画「植物人間」(1973年)，「スパイクタイヤ追放キャンペーン」(1983年)，「考えよう農薬，減らそう農薬キャンペーン」(1992年)，写真企画「こころの伏流水——北の祈り」(1994年)，同「イーハトーブ幻想——賢治の遺した風景」(1996年)，連載企画「オリザの環」(1997年)で新聞協会賞(編集部門)受賞．「東日本大震災」報道(2011年)では同賞のほか菊池寛賞を受賞．

3.11を心に刻んで2018　　岩波ブックレット981

2018年3月6日　第1刷発行

編　者　岩波書店編集部

発行者　岡本　厚

発行所　株式会社 岩波書店
〒101-8002 東京都千代田区一ツ橋2-5-5
電話案内 03-5210-4000　営業部 03-5210-4111
ブックレット編集部 03-5210-4069
http://www.iwanami.co.jp/hensyu/booklet/

印刷・製本　法令印刷　　装丁　副田高行

ISBN 978-4-00-270981-9　　Printed in Japan